風月機関と明清文学

小川陽一著

汲古書院

はしがき

本書は『明代の遊郭事情　風月機関』（平成十八年三月、汲古書院）の姉妹編である。前書には、明代の日用類書に収められている『風月機関』所収の本文・原注および訳者注を載せた。本書には前書の訳者注に続いて、新たに『風月機関』所収の遊郭関連記事と通じ合う明清の小説・戯曲・詩歌などの記述を拾い上げ、補注として載せた。これによって、いささかなりと『風月機関』の理解を深めるとともに、明清文学の遊郭関連記述の理解も深めようとした。

前書では、『風月機関』の本文（影印と翻刻）と原注の翻訳が中心で、その本文・原注自体が「明代の遊郭事情」であるが、その情報を補足拡大した訳者注は、ごく簡単なものに止めた。それは、前書の凡例に掲げたように、関連する文学作品の指摘や比較考察は、別書に譲る原則に従ったからである。本書がその別書に相当するものである。

中国には、わが国の藤本箕山の『色道大鏡』に代表されるような、体系的でかつ壮大にして具体的な遊里の風俗史的・社会史的な研究資料は存在しない。清末の虫天子が編纂した『香艶叢書』には、三百余種の女性関連詩文の書が収められており、少なからぬ妓女遊郭関連記事も含まれてはいるものの、その多くは妓女の事跡や詩詞で、妓女や遊里の社会史的な記録は希である。『風月機関』はその『香艶叢書』にも収められていない貴重な資料だが、それとても『色道大鏡』には及ぶべくもない、ささやかなものである。明清の遊郭の具体的な情況は、当時の小説・戯曲・詩歌などの中に散在する断片的な記述を寄せ集めることによってしか、知り得ないのが現状である。

もとより小説・戯曲の物語全体は虚構の作り話で、文学的な真実ではあっても、そのまま社会史的な事実でないのは言うまでもないが、その物語を構成する素材や、背景としての細部がもつ社会史的な事実性を、全て否定し去ることもまた、中国文学の在り方を無視することになるだろう。

この明清の文学作品中の遊郭関連記事はかなりの量に上る。明清の小説・戯曲に限っていえば、題材的には男女の色恋が最も多いから、勢い妓女や遊郭関連の記述が多くなる。にもかかわらず、物語内容には読者の趣向が反映されるから、美談や醜聞という内容的な偏重が生じて、細部の記述もそれに伴う偏向が見られる。妓女や、やりて婆の行動様式、遊郭運営の仕掛にも、典型的なものはパターン化して繰り返し描かれるが、物語展開には直接関係しない遊郭事情が、細部まで万遍なく描かれることはない。そのために——加えて筆者（小川）の知見の狭さから——『風月機関』と明清文学の相互照射による考察をしたくても、『風月機関』一四四項目の一部分にしか行うことができなかった。

従って本書は、明代と清代の遊郭の風俗史そのものでないことは言うまでもなく、『風月機関』と明清文学の両者に関わる遊郭資料の収集としても、ささやかな結果に止まったことをお断りしておきたい。

なお明清文学と称してはいるが、実際には、一部元雑劇を含む明末清初を中心とする、十六世紀ころから十八世紀ころの作品が主であることも申し添えておきたい。

目　次

凡　例

一、本書は前著『明代の遊郭事情　風月機関』（平成十八年三月、汲古書院）所収の訳文一「風月機関」をベースにして、同書の〔訳者注〕に、和刻本『開巻一笑』の『風月機関』釈義と、『青楼韻語』の注を取り入れて増補し、併せて前著の誤りを訂正した。

二、〔補注〕の項目を設けて、内容的に関連する明清期を中心とする時期の文学作品――小説・戯曲・詩歌・笑話等――を収載し、『風月機関』理解の参考と明清文学考察の一助にした。

三、丸括弧の中は、筆者による補足、言い換え、引用文の原文およびその他である。

四、原則として、引用の訳文には常用体字、原文には正体字を用いた。

五、主な文献・資料について：

◇『風月機関』の本文・原注は、『明代の遊郭事情　風月機関』（平成十八年三月、汲古書院）によった。

◇和刻本『開巻一笑』巻二「風月機関」釈義（張鹿鳴野人訳）は、東北大学附属図書館狩野文庫蔵本によった。引用に当たって、ルビを省略した。釈義は『風月機関』第一二五条の「五虎」で終わっている。

◇『嫖賭機関』（明・沈弘宇）は、東京大学東洋文化研究所蔵抄本によった。

◇『青楼韻語』（明・張夢徴編、明・朱元亮注）は、原則として民国三年上海同永印局刊本によったが、『中国娼妓史料青楼隠語　風流情書』（民国二十七年十月上海中央書店刊本を重印した二〇〇六年十一月香港古佚小説会重印本）も利用した。後者を中国娼妓史料『風流情書』と略称した。

◇『金瓶梅詞話』は、とくに断らない限り、日光山輪王寺慈眼堂蔵本と徳山毛利氏棲息堂蔵本を用いた大安影印本によった。

◇馮夢龍『掛枝児』『山歌』は、とくに断らない限り、『明清民歌時調集』（一九八七年九月、上海古籍出版社）によった。

◇元雑劇は、とくに断らない限り、『元曲選』本によった。

◇伝奇は、とくに断らない限り、『六十種曲』本によった。
◇散曲は、謝伯陽編『全明散曲』（一九九四年三月、斉魯書社）本によった。
◇笑話は、とくに断らない限り、陳維礼・郭俊峰主編の『中国歴代笑話集成』（一九九六年十二月、時代文芸出版社）本によった。

風月機関と明清文学

第一章　遊郭総論

【一】男女は性別で異なっていても、愛欲があることでは同じである。男は女の容貌の美を貪り、女は男の徳性の賢を慕うもの。

〔原注〕男女は身体的には異なっていても、本性的に愛欲があることでは同じである。男子は女人の顔色の美を貪り、女人は男子の徳性の賢を慕う。

〔訳者注〕『青楼韻語』の注に、「嫖客と妓女は、家庭の夫婦とは生活形態は異なるが、情では同じである。妓女が容色優れ、嫖客がハンサムで聡明だと、自然に愛慕しあう」（客與妓、非居室之男女、而情則同。女以色勝、男以俊俏伶俐勝、自相貪慕）。

【二】鴇子《ほうし》は家を創立し、威力で佳人を脅かして、巧妙な計略を弄する。撅丁《けってい》は金を愛し、勢力で女子をいじめて、姦心を弄する。

〔原注〕鴇とは深山・水中に住む鳥の名である。形は鶏に類し、足がやや長い。性格はとりわけ淫らで、他の鳥どもがこれと交わるので、七十鳥と書く。妓女の母にたとえられた。撅丁とは五慵のことである。五慵とは、仁義礼智信において慵懶（懶惰）である、ということ。別名を忘八という。孝悌忠信礼儀廉恥を忘却したということだ。またの名を烏亀・烏帰ともいう。白昼人に顔を合わせるのを恥じて、外出すると暗くなってから帰宅することに由来する。

一説によると烏亀（かめ）は雌と交わることができず、交わろうとすると雄を咬んでしまうので、雄蛇の巣窟で呼び続けて、出てきた雄蛇と交わるという。撅丁は基づくところが分からないので、強いて解釈はしない。妓を十奴と書くのは、奴に劣ること十倍という意味である。別名を猱旦《じゅうたん》といい、虎に痒いところいてやることができるが、虎は自分が死んでも気が付かないことから、ひそかに人を害する意味にも使う。また粉頭ともいうのは、脂粉を顔に塗るからである。子弟は人の子とか人の弟の意味で、女郎買いは少年の所為なので、このようにいう。女と男の交際には真情があるもの。鴇子は家を創立し、撅丁は金を求めるので、威力で妓女をおどかし、巧妙な計略を弄するというのである。

〔訳者注〕明・朱権『太和正音譜』（『中国古典戯曲論著集成』第三冊所収）巻上「詞林須知」に、「妓女の老いたるものを鴇という。鴇は鴈に似て大きく、後趾（足の後ろ爪？――小川）がなく、虎皮の模様がある。色好みで、どんな鳥から求められてもすぐに応じる。俗に独豹と呼ばれるが、いま鴇《ほ》というのがこれだ」「妓女を総称して猱という。猱は猿の類で、貪欲で、虎のきもや脳みそを好んで食べる。虎は猱が好きで、背負って虱を捕らせ、首まで取らせて死に、きもや脳みそを食われてしまう。妓女が誘惑して客の財産を貪り、喪身・敗業に至らしめるのを、古人が虎と猱に例えたのはこれだ」。

明・謝肇淛『五雑組』巻八人部四に、「今の人は、妻が外の男と密通した場合、その夫のことを烏亀《うき》とよんでいる。おそらく亀は交わることができず、牝をはなって蛇と交わらせるからである」（今人以妻之外淫者、目其夫爲烏龜。蓋龜不能交而縱牝者與蛇交也。〈訳文は岩城秀夫、平凡社、東洋文庫623〉）。

和刻本『開巻一笑』の『風月機関』釈義に、「鴇子――嫖經ニ妓家ノ主母ヲ云。妓女多ハ買來テ義女トナスモノ。妓モカレヲ母ト稱スレドモ、其實ハ主母ナリ。其主母又多クハ妓ノ老テ成ルモノ。或ハ其實ハ主母ニシテ、假ニ諸妓ノ姉ト稱シ、尙客ヲ迎ルモノアリ。故ニ妓モ主母モ倶ニ鴇子ト稱スベシ。鴇ノ字舊說多シ。鴇ハ淫鳥。雌ノミアリテ雄ナク、多鳥ト交ルヲ以テ、妓ノ母ニ比フ。或ハ云、鷲此鳥ヲ取ントスレバ、鴇糞ヲ飛バシテ此鳥ヲ射ル。一タビ其糞ニ觸レバ、鷲ノ毛悉ク脫ス。或ハ此鳥足ニ後趾ナク、木ニ止ルコトアタハズ。故ニ妓家ノ四民ニ外タルヲ、此鳥ニ比シテ云トモ。三說ミナ謂アリ○鴇ハ此邦野ガント呼鳥ニ似タリ。ノガンハ高飛モセズ、下品ナルラチモアカヌ鳥ナリ」「撅丁――妓ノヲヤカタヲ云。撅ハ木ノ斷ナリ。イヤシメテ云ナルヘシ。嫖經ノ注ニ、撅丁ハ五庸ナリ。五庸ハ忘八ト同ジトアリ。故事ノ書ニ、傭ハ慵ナリ。仁義禮智信ノ五常ヲ慵ガリテ、棄タルト云意ニテ、忘八ノ八字ヲ忘レタルニ同ジ。又教坊記ニ、蘇五奴ガ妻張少娘歌舞ヲ善ス。是ヲ邀ヘテ舞シムルモノアリ。五奴コレニ隨テユク。主人五奴ヲ速ク醉セント欲シテ、多ク酒ヲ勸ム。五奴曰、但我ニ多ク錢ヲ與ヘ玉ハヾ、鎚子ヲ喫ミテモ醉ヘシ。酒ノ煩ニモ及バジト云フ。コレヨリ妻ヲ賣ルモノヲ五奴ト呼ナセリ。奴ト傭ト稱呼近シ。同意味ナル故事ナリ」。

『青楼韻語』の注に、「鴇という鳥は、性格が淫らで、あらゆる鳥と交わるので、遊郭の媽々の意味に用いる。撅丁は遊郭をきりもりする男である。妓女の巧計・邪心は、本性に由来するのではなくて、みな強迫と蹂躪によって育成されたものである」（鴇鳥性淫、與百鳥合、以名妓家媽媽。撅丁、妓家當家男子也。妓之巧計奸心、非由性生、皆威逼勢摧習成耳）。

〔補注〕鴇子は、元曲では保児・薄嬷・卜児・老卜等ともいい、明清の俗語では虔婆ともいう。

『警世通言』巻二十四「玉堂春落難逢夫」（玉堂春が災難に落ちて夫に再会したこと）に、銀三万両を一年余りで使い果たして無一文なった三官（王景隆）を、鴇子（やりて婆）と撅丁（親方）が妓女の玉堂春を脅かして追い出しにかかると、怒った玉堂春が、公衆の面前で二人を罵る場面がある。

「この亡八（人でなし。撅丁のこと）はいくら食べても満腹しない犬、鴇子はいくら埋めても埋まらないない底な

し の穴。まともな商売する気はなくて、わなを仕掛けてだますだけ。お世辞はみんな巨大な網で、話は全部落し穴。謀るは家のもうけだけ、人の貧乏どうでもいい。八百両でわたしを買って、たっぷり私に稼がせた。わたしの父は周彦亨、大同城の著名人。良民買って妓女にした罪知るや。人身売買したら流刑罪。良家の子弟をだますだけならまだいいが、金取り命を奪う罪重い。……」

「玉堂春落難逢夫」は妓女を扱った作品の多い『三言二拍』のなかでも、『警世通言』巻三十二「杜十娘怒沈百宝箱」（杜十娘が怒って宝石箱を沈める）、『醒世恒言』巻三「売油郎独占花魁」（売油りが花魁を独占する）と並ぶ花柳文学の傑作で、遊郭やそこに生きる人々の裏表が描かれていて興味深い。「玉堂春落難逢夫」については、澤田瑞穂『宋明清小説叢考』（研文出版）の「玉堂春散策」に詳細な考証がある。

明・鄭若庸『玉玦記』伝奇第八齣（幕）「入院」（妓楼に遊ぶ）の李翠翠・李娟奴・解幫間の三人の会話の場面にも、妓楼の人々の生態が描かれている。舞台は南宋の臨安。李翠翠は李師師の妹で、もと汴京の教坊の名妓だったが、この時点では臨安の妓院のやりて婆をしている。李娟奴はその実の娘で妓女。

〔李娟奴うた〕　春風がとばりを揺るがし、柳のこずえから朝日が差し込む。手鏡もって、わが顔うつす。廓の中は薄情者ばかり。遊子・瘋癲じゃどうにもならぬ。鴛鴦をまねようとても無駄なこと。

〔李娟奴せりふ〕　おかあさま、お早うございます。

〔李翠翠せりふ〕　娘や、私はここ二日宴席で忙しかったが、家には客があったかえ。

〔李娟奴せりふ〕　お客なんかないわ。

〔李翠翠せりふ〕　娘や、うちのような家はね、お上手を言ってこそ、人の物がだまし取れるの。おまえがこれを知らないから、客が来ないのよ。

〔李娟奴せりふ〕　どうしたらいいの。

〔李翠翠せりふ〕　いい手を教えてあげるわ。綺麗にお化粧して、いきなお兄さんが通りかかったら笑顔で迎え入れ、奥で茶を出してやりなさい。席に着いたら茶を飲んでおしゃべりし、妹たちに陰で琴を弾かせなさい。男は当然その気になって、銭を出して酒を用意させるよ。その気になったころにうち解けた話をして、誘いかけな。男は魅力的な女だとわかって、そのまま一～二泊する。帰るときには泊まり賃を払うに決まっているから、いくらかって聞いたら、嘘ついて、〝鴇子（おかあさん）にはいくらという際限はないの。お気持ちだけ下さいな〟とおっしゃい。沢山くれたら、貰っておきな。少なかったら、その銀子を私の前に持ってきて見せながら、顔色を変え、〝私は銭のためにだけやってんのよ、この人でなし〟と言いなさい。やつは気付いて、追加するに決まってるよ。おまえが男に気があると言いさえすれば、銭を使ってくれて、惚れ込んでまた来るよ。でも金持ちは長居するから、ここまで厳しくしなくてもいいかもね。これが一度か二度限りの客なら、こっぴどくとっつかまえて、逃がすんじゃないよ。

〔李娟奴せりふ〕　でも今時の人は利口になってしまって、銭を使おうとしないわ。

〔李翠翠せりふ〕　〝利口で来ないが恐ろしい。来れば利口も怖くない（来てさえくれたら、こっちのもの）〟と言うじゃないか。あれ、外にだれか来たようだよ。

〔解幇間せりふ〕　席に坐ればいつも酔い、太鼓持して日を過ごす。思えばすべて食うためで、二本の脚が疲れます。おかあさま、こんにちは。

〔李翠翠せりふ〕　おや解さん、ちかごろとんとご無沙汰ね。

〔解幇間せりふ〕　へい、左様で。お姐さんはおいでで。

〔李翠翠せりふ〕　いるわ。娟奴や、解さんにご挨拶なさい。
〔二人が会うしぐさ。解幫閒せりふ〕　いい猱児《どうじ》だな。
〔李翠翠せりふ〕　ちぇ、この恥知らず。猱児などとおまえが言えたものか。
〔解幫閒せりふ〕　北の人はだれでもおねえさんを猱児と言いますぜ。わしが何で言えませんのか。
〔李翠翠せりふ〕　まあいいわ。おまえは女郎買いに慣れてるそうだから、猱児の二字を解釈してごらん。
〔解幫閒せりふ〕　猱は山の中にいる小動物で、虎に痒いところを掻いてやるのが上手、虎は掻いてもらうと気持ちがよいので地べたに腹這いになる。猱は虎の頭にはい上がり、頭蓋骨を破って、脳みそを食ってしまうが、虎は自分が死んだのも気が付かない。ねえさんたちが、おれたち嫖客を掻いて沢山死なせておいて、最後まで気付かせないのとそっくりだ。
〔李翠翠せりふ〕　ごもっともで。
〔解幫閒せりふ〕　おれからも聞きたいよ。おまえさんは鴇児だが、その二字を解釈しておくれよ。
〔李翠翠・李娟奴合唱〕　鴇児は山の中にいる鳥で、雌ばかりで雄がいなくて、どの鳥の雄とも交わる。たとえてみれば、われらと同じ。
〔解幫閒せりふ〕　それなら蛇といった方がもっといいよ。
〔李翠翠せりふ〕　どうして蛇なのさ。
〔解幫閒せりふ〕　蛇は亀と交わるというのを聞いたことがないのか。
〔李翠翠せりふ〕　この罰当たり。何がもっといいもんか。
〔李娟奴せりふ〕　あんただって話に聞いただけでしょう。蛇が亀と交わるなんて見たことないわ。

〔解幫間せりふ〕　おねえさんは密通を想像するから、見たことがないと言うんだよ。真武の像の脚下の蛇は、亀にきつく巻き付いて放さないじゃないか。
〔李翠翠せりふ〕　冗談はもう止めにして。本日おいで下さいましたのは、うちに何かいいことがあってのことでしょ。
〔解幫間せりふ〕　ある秀才、山東の王侍郎のおぼっちゃまだがね。お姐さんを是非にと。
〔李翠翠せりふ〕　それはいいこと。女中や、お茶をお持ちして。
〔解幫間せりふ〕　門前へ見に行くとしよう。

この『玉玦記』伝奇は、明の徐霖（一説に無名氏）『繡襦記』伝奇や明の王玉峰『焚香記』伝奇と並んで、遊郭が重要な舞台となっていて、やりて婆や妓女の動きが克明に描かれている。

南宋のとき、山東の鉅野の王商が妻の秦氏を家に残して都に上り、科挙の試験を受けたが合格できなかった。そのまま家に戻らないで遊郭に遊び、李家の娼奴に心奪われて結婚を誓い合うが、やりて婆にだまされ、財貨を奪われた上に追い出される。三年後に状元及第を果たし、妻秦氏と再会し団円する。その三年間、妓楼のやりて婆の李媽と妓女の娼奴が劇の流れを作るが、その流れの根底にあるのが遊郭の論理で、『風月機関』そのものの世界である。

別の言い方をすれば、『風月機関』に説かれた妓楼経営の論理と、それによって具体化されたやりて婆や妓女の手口＝行動様式が、下敷きとなっている。

物語は、やりて婆が妓女に客あしらいの心得を教育することから始まり、妓女がその手口で王商と昝喜《さんき》を破滅に導く経緯が描かれる。『風月機関』の世界を最も具体的かつトータルに戯曲化した異色の妓楼文学といえよう。妓女の娼奴が、王商をたらし込み、金がなくなりかけると、金蟬脱殼の計（烟花の計とも。行方をくらますこと）で捨てしまい、咎喜に乗り換えて、哀惜の情も心の痛みも感じない点は、『繡襦記』伝奇や小説『売油郎』『金雲翹伝』などの理想主義的な作品とは、趣を異にしている。

【三】その上、尋常の識見はみな縄準に従っているが、遊郭の奇怪・巧妙な機関（からくり）は、筌締（常のやりかた）をはずれている。

〔原注〕縄準とは規矩・縄準のことで、筌締とは魚を捕獲する筌と、兎を捕獲する締のこと。尋常の識見は規矩の範囲内だが、奇怪・巧妙な遊郭の機関は筌締をはずれているので、外部のものには察知できない。

〔訳者注〕和刻本『開巻一笑』の『風月機関』釈義に、「筌蹄――筌ハ魚ヲトルノソナヘ、蹄ハ兎ヲトルノソナヘ」。『青楼韻語』の注に、「これはみな邪心・巧計の仕業で、尋常の識見の到りうるものではない」（此皆奸心巧計做成、豈尋常識見可到）。

明末の日用類書の中には、目録の「風月機関」の見出し後に、「嫖家筌蹄」と記しているものがある。『萬書淵海』（『中國日用類書集成』所収）と『新刻四民便覧萬書萃錦』（智積院蔵本）がそれである。両書とも本文部分の「風月機関」の後に「嫖家筌蹄」という項目が収載されているわけではなく、風月機関の内容が嫖家の筌蹄であるという意味のようである。つまり、この日用類書の編者には、『風月機関』の中に「嫖家の筌蹄」が含まれているという認識があったと見られる。

【四】だから、籌（はかりごと）を巡らさなかったら、必ずや設けられた網にかかってしまう。

〔原注〕運籌とは大将が兵を動かすときに、本営で作戦計画を巡らして、千里の外で勝負を決すること。設けられた

網とは、猟師が網を張って鳥や獣を待ち受けること。もし籌を巡らして敵の動きを推測して対応しなかったら、必ずその網にかかってしまう。

〔訳者注〕『青楼韻語』の注に、「先人が嫖経を著したのは、後人が網に掛からないように籌を列記したものである」（古人著嫖經、蓋爲後人遭難網者運籌也、一一列於左）。

〔補注〕第三・四条の遊郭のやりて婆のあこぎなやり方について、清の中期ごろの小曲を集めた華廣生『白雪遺音』（『明清民歌時調集』〈上海古籍出版社〉下集所収）巻一「教妓」（妓女を教える）に、

やりて婆がひまみて教える。よくよくお聞き。お客が来たら、よく観察し、すぐ甘い言葉で、たらし込み、金品まきあげ恥ずかしそうに、手加減するな。男の気前がよかったら、一緒に飲んで一緒に騒ぎ、色っぽくやれ。男が力が尽きて懐空になったときたとき、すぐ絶交しな、やつの後悔もう遅い。もしまた金ができたなら、思いの丈を一くさり、熱っぽく。男が後悔していたならば、泣いて笑って、嘘八百（鴇兒無事把姐兒叫、用心聽着。有客登門、仔細觀瞧、快把米湯熬、灌迷了心、騙他的東西粧害燥。不要輕饒、他若是不疼錢、同飲酒來同歡笑。眉眼要風騷。他的力盡囊空、就與他絶交。後悔也遲了。倘若再有錢、把想他的話兒編一套、説的親熱着。客若悔前情、一行哭來一行笑、説的是老謠）。

【五】情を惹くことが寝る前に必要である。物を与えるには求められてからでは遅い。

〔原注〕遊郭では情が先で、軍隊では訓練が重要である。情が調っていないのに体を求めても、大軍が訓練不足のまま大敵に臨むようなもので、失敗するに決まっている。女郎買いして物を与えるのは、魚に餌をやるようなものである。やらなかったらよそへ行ってしまう。妓女は物をねだって与えてもらえなかったら、別の客にねだるから、後で

与えても無駄である。

〔訳者注〕『青楼韻語』の注に、「寝る前に情を惹いてこそ味がある。求められる前に承諾してこそ喜ばれる」（未合而調最有味、不待索而允、最動其喜）。

第二章　遊びかた総論

【六】花柳界の遊びを始めたら、老成が重要である。遊郭に遊び慣れたら、淡泊なのがよい。

〔原注〕芸者遊びを始めた人は、老成が必要で、そうすれば狡猾な芸者も軽蔑しない。遊郭の客となって久しいものが、若者のまねをしてへらへらしゃべりまくったら、妓家で軽薄野郎とみなされる。

〔訳者注〕この条は『開巻一笑集』本には、本文・注とも収められていない。『青楼韻語』の注に、「この道には本来達人はいないけれども、新米はとくに考慮が必要だ」（此道原無慣家、初耽者、更須斟酌）。

〔補注〕『全明散曲』第一冊の陳鐸の〔南中呂駐馬聴〕「嘲風月」（芸者遊びを笑う）三首之一に、

花柳の巷で遊ぶのは、並の男じゃ無理である。まず第一に貫禄あって、第二に芸者の罰も甘受でき、第三におっとりしてること。旦那よ芸者遊びにに無理強いするな、女は痴情のかたまりだ。ゆめ論争はするなかれ、人柄だけが決め手だよ（錦障花營、小可人兒不敢行。一須穩重、二領差罰、三要寔成。郎君切莫強風情、女娘自有癡心病。休論休爭、投機可意由人性）。

【七】真心からだと思ったら、きっとだまされる。

〔原注〕妓女は色で人に仕え、情で取り入り、色で仕えることを基本とし、情で取り入るのを些末とする。これもまたその経営方法なのだ。それなのに、愚かなお方は理解せず、真心からだと思い込み、罠にはまってしまう。だから、

〝真心からだと思ったら、きっとだまされる〟というのである。

〔訳者注〕『嫖賭機関』上巻「総括西江月八律」の第八首「嫖休認真」（芸者遊びで本気になるな）に、「芸者遊びは楽しむだけだ、本気になったらひどい目に遭う。臨機応変かつ曖昧に、黒と白とをはっきりするな。深い浅いに違いはないし、真にも仮にも根拠がない。多数の客で本命ひとり。そのただ一人がおれなものか」（嫖要只好適興、着意便受坎坷。隨機應變且模糊、不必分青理白。厚薄原無分寸、眞假有甚憑何。接客百千情一箇、怎見其中是我）。『青楼韻語』の注に、「若者は経営のために物事を考えるから、真心からだとは思うまい」（若輩爲經營計也、豈可認眞）。

〔補注〕元の関漢卿『救風塵』雑劇は、妓女の張盼児が、だまされて周舎に嫁いだ妹分の宋引章を救い出して連れ戻す話である。張盼児が周舎を色仕掛けでたらし込んでその気にさせ、引章への離縁状を渡すことを条件に結婚を承諾する。この計略に引っ掛かった周舎が離縁条を渡すと、盼児は引章を伴って逃げ出す。第四折は、周舎が追い掛けてきて約束の履行を迫る場面である。そこに、妓女の側の言い分が見事に描かれている。

〔周舎せりふ〕おめぇはおいらの嫁になると誓ったぜ。
〔張盼児うた〕そらごと売るのがこちらの稼業
型にはまった誓いの言葉
それで生計《たつき》を立ててます
〔せりふ〕もしも合点がゆかぬなら、
色町くまなくめぐりゆき　茶屋の女をよぶがよい
誰もかれも一様に　お線香そなえ蠟燭《ろうそく》立て
天地を指さし誓うでしょ　神罰うけても本望と

そんな誓いを真《ま》に受けりゃ
とっくに一門根絶やしです
（平凡社、中国古典文学大系52『戯曲集』上「救風塵」第四幕、田中謙二訳による）

日本では「女郎の誠と卵の四角はない」などという。酔郷散人『吉原大全』序に「傾城無實、如雞卵無角」、成島柳北『柳橋新誌』初編に「俚語云、女郎之赤心、鳥卵之方形、必無焉。若有則晦夜亦出圓月矣」（女郎の赤心と鳥卵の方形と、必ずなし。若しあれば、則ち晦夜も亦円月を出だす――『新日本古典文学大系100『柳橋新誌』日野龍夫訳）。

明の薛論道の散曲「南仙呂入双調玉抱肚」の「妓女」（原文「烟花」）七首の第六に、

妓女の心は残忍だ――「私の情も心も真実よ」と、枕の上で新郎に誓いつつ、心の中では別人を思う。みんなが真心求めたら、ひとつの真心幾つに分ける（烟花最狠、説甚常麼情眞意眞、枕兒邊陪伴新郎、心兒裡另是別人。人人都要討眞心、一箇眞心幾處分）。

次の清・温汝適『咫聞録《しぶんろく》』の「子の教育」（原題「教子」）（黄山書社『清代筆記小説類編』の『烟粉巻』所収による）に、金儲けしか念頭にない妓女の生態と、その妓女に身も心も奪われた息子を、立ち直らせた老商人の見識と方法が描かれている。

河南省の懐慶には、遠商（遠隔地取引、その商人）が多く、父が子を連れて旅に出、商売の仕方を仕込んで家業を継がせた。当時は蘇州が最大の商業都市だった。

その懐慶に二代にわたり遠商に従事してきた男がいた。すでに髪は白くなり、歯もぐらぐらしてきたが、息子を連れて蘇州に来ていた。その子は遊び好きで、蘇州の美妓に出会うと、すっかり心を奪われ、妓楼に泊まり込んで、宿に戻らなかった。父は気付いていたが叱ったりはしなかった。持ち出した銀子も少なくはなかったが、追及もしなかった。

　やがて半年たって商品を売り尽くし、代金を回収し終わり、帰郷の準備をする頃になると息子に、

「銀子を数百両やるから、好きな女の世話をしてこい。着物が欲しいと言ったら作ってやれ。暮らし向きのことでねだられたら、そのとおりにしてやれ。いつまでも好かれるようにして、後で悪口を言われないようにな」

くすねた金のことで怒られると思って、低頭するのみで一言もない息子に、

「金を惜しんで言うのではない。お前を一人前の商人に仕上げたいからなのだ」

と言うと、その場で数百両渡した。

　息子はその銀子で衣服を作ってやり、生活も世話をし、三日間泊まり込んだが、そのとき父の様子を詳しく説明してやった。妓女が、

「いつお帰りになれるの」

と聞くので、

「半年後だ」

「あなたにお会いしてからは、他の客は取ってないのよ。もう百両出してくれたら、門を閉めてお帰りを待っているわ」

と言うので、承諾して戻った。父が、

「金はばらまいてきたか」

と言うので、

「もう百両欲しい」

と言うと、すぐに出してくれて、

「五日後に出発するから、それまで女のところに泊まってこい。わしは出発の準備をして待っておる」

息子がまた妓楼に行き金を渡して出発日を告げると、妓女は涙を流して別れに耐えられない様子だった。送別の酒席を設け、五日泊まると、互いに慟哭して別れた。

父はすでに船に乗っていて、息子が来ると出港した。鎮江を出て金山に着くと、父は箱の中からぼろ衣服と破れ草履を取り出して息子に着用させ、すぐに蘇州に戻り、また妓女の家へ行けと命じた。息子が驚いて、おたおたしていると、父は、

「金を使ったのを怒って追い出すのでもないし、おまえの恥をさらそうというのでもない。〝世道人心〟（世情人心）を分からせたいのだ」

息子が仕方なしに上陸すると、父は、

「女に会ったら、〝揚子江で暴風に遭い船が壊れて浸水し、近くの船に助けられたが、父は行方不明になった〟と言え。本当のことは言うな」

息子が父に言われたとおり妓楼に行くと、門番が入れてくれなくて喧嘩になったが、妓女はその声を聞いて、戻ってきてここの商品を管理することになったのかと喜んだ。門番に中へ入れさせて会って見ると、衣服はぼろで、顔色も変わっていた。遭難したことを伝えると、女はろくに話も聞かずに追い出した。しかたなしに取引をしていた旧知の店に行ったが、そこでも泊めてもらえなかった。街で、親交はなかったが顔見知りの他の店のものに出会ったところ、

「お発ちになられたばかりなのに、どうなさいました」

と言われたので、遭難したと告げた。その人はすぐに店に連れて行き、衣服を取替えさせ、食事を与え、銀子を恵んで、父上を探すようにと言った。

戻って来ると息子は、

「やっと〝世態の炎涼〟（人情の変化）が分かりました。妓女が愛したのは、私の金が目当てでした。商人たちがちやほやしたのは、商品でもうけるためでした。私は心が変りました。〝患難に朋友あらわる〟というのは本当でした。友を選ぶことの大切さが分かりました」

懐慶に戻ると、父は、

「わしはもう年を取って、遠くまで行かれなくなったから、おまえがやってくれ」

と言い、商品を仕入れてまた蘇州に行かせた。息子は〝雪中に炭を贈〟ってくれた店に身を寄せ、遊郭からは足を洗った。妓女は、息子が遭難したと言ったのは、自分の心を試すためだったと気付いたが、手遅れだった。以後、息子は色にも情にも動かされず、ひたすら家業に励み、巨万の富を築いた。衣食と銀子を恵んでくれた店も、次第に裕福になった。


【八】なれそめの妓女には、なじみの妓女の悪口を言うな。言えばなれそめの妓女に不安を与える。年増の妓女と遊んだら、若い妓女の幼いのをかわいがるな。かわいがったら年増の妓女が失望する。

〔原注〕知り合ったばかりの女に、旧知の女の是非を言うな。言えば新しい女に疑惑を抱かせる。梅聖兪の詩に、「あひるを打つな、あひるを打てば鴛鴦《おしどり》も驚いて飛び去る」とはこのことである。年増の妓女と遊ぶ気があるなら、

若い妓女を可愛がる心を起こしてはいけない。この二者は並び立たないのだから。そうでないと年増の妓女を失望させる。
〔訳者注〕『青楼韻語』の注に、「前船は後船の目だから、疑いが生じやすい。老いは妓女のとりわけ忌むものだから、客が若い妓女を可愛がると、老妓にはひどく堪えられない」（前船就是後船眼、故疑易生。老者妓所最忌、對老憐少、不堪之甚）とある。「前船は後船の目……」は旧知の妓女の悪口をいうと、若い妓女がいずれ自分も悪口を言われる――前者の轍を踏む――のではないかと恐れること。明末の馮夢龍『山歌』巻九「門神」の末尾に、「〔歌〕ねえさんが男にいう、わたしはあなたたちの大門の前にいる新しいのにいっておく、前の船は後ろの船の目だよと（前車の鑑）」（姐道我箇郎呀、那間我看伱搭大門前箇前船就是後船眼……）（大木康《『馮夢龍『山歌』の研究　中国明代の通俗歌謡》〈勁草書房〉第二部巻九「門神」の訳による）。明・無名氏『霞箋記』伝奇第三齣に、やりて婆が妓女張麗容の妹分の妓女に、「身請けされた子は沢山いたけれど、幸せにならなかった。前の船は後の船の手本だよ」（多少從良的姐兒、不得了當。前船便是後船的樣子）と言う場面がある。

梅聖俞（北宋の梅堯臣の字）の詩のことは、宋の魏泰の『臨漢隠居詩話』に見える。宣州（安徽省）の知事呂士隆は、官妓の些細な過失を咎めて笞打ちに処すのが常だったので、官妓は恐れて逃げたがっていた。たまたま杭州から来た妓女が色芸優れていて、気に入った士隆は引き留めて去らせなかった。そんなとき妓女が些細な過失を犯し、笞で打とうとしたので、「私が打たれるのはやむを得ませんが、それでは杭州の妓女が恐れるでしょう」と言ったら中止した。梅聖俞が、「あひるを打つな、あひるを打てば鴛鴦驚く。降りた鴛鴦は、孤洲のはげ鶴とは大違い。はげ鶴さえも逃げたがる、鴛鴦の翼はもっと大きいぞ」（莫打鴨、打鴨驚鴛鴦。鴛鴦新向池中落、不比孤洲老禿鶬。禿鶬尚欲遠飛去、何況鴛鴦羽翼長）とからかった。この話は、北宋末の趙令畤の『侯鯖録』巻八にも納められている。

『二刻拍案驚奇』巻九の入話にも、「あひるを打てば鴛鴦も驚き、別かれて飛んで別方向。夫婦《めおと》の定めがあるならば、やがて並んで一列に」（打鴨驚鴛鴦、分飛各異方。天生應匹耦、羅列自成行）とある。この本項の注は富山大学の磯部祐子教授の教示に負うところが多い。

【九】痛酒（大酒）は飲むなかれ、寡醋（希薄な嫉妬）はするな。

〔原注〕（この箇所の原注は、底本を含めて、いずれも難解で、『明代の遊郭事情　風月機関』の訳は不正確であった。『一事不求人』――京都大学付属図書館谷村文庫所蔵の陳允中編集『新刻群書摘要士民便用一事不求人』―巻十九所収の注が読みやすいので、これによった。そこでは『花柳機関』と称しているが、内容は『風月機関』とイコールである。なお「寡醋」は辞書では「理由のない嫉妬」などと記されているが、『風月機関』では「希薄な嫉妬」の方がよい。――筆者補足）

酒はだれでも飲むけれど、飲み過ぎると嘔吐に至り、枕席のことができなくなったり、体を壊したりもする。古人は「争奸」を「妬」と言ったが、今では俗に「醋」と称している。もし情が濃厚なのに嫉妬しないと、それが現れない。逆に情が希薄なのに寡醋（希薄な嫉妬）をしても、意味がない（酒誰不飲。飲之太過、而至於嘔吐。枕席之間、焉能有爲。且又成病。古人謂争奸曰妬、今俗呼曰醋。若情果厚、不醋則不見厚。設在薄中、則爲寡醋、何益哉）。

〔訳者注〕和刻本『開巻一笑』の『風月機関』釈義に、「寡醋――醋ハソ子ムナリ」。『青楼韻語』の注に、「痛飲すれば泥酔して支えきれず、いやらしい。嫉妬も風情があるが、希薄な嫉妬では味がなく、厚かましいというものだ」（痛飲者、爛醉不支、淋漓可厭。吃醋亦趣事、但寡則無味、豈不膩瞼）と、嫉妬は深い仲でこそ味があるのだという。今でも嫉妬することを「吃醋」という。醋は酢の別字。

〔補注〕馮夢龍編『掛枝児』隙部五巻「醋」四首の一に、

にくいおかた、あなたの真心も偽心もありがとう。あなたが淡い嫉妬（原文「淡醋」）をしてたのは、わたしはよく存じてました。でもあなたはわたしの最初の愛をすっかり忘れてしまってました。その時がどうして始まったのか、心の中で分かるでしょう。どんなにあなたがでたらめしても、わたしは冷たく看ています。〔原注〕恩愛があれば、嫉妬も濃厚で、腹をたててもかまわない。情が失せれば、嫉妬もしないし、気にもしないし、腹も立てない（俏冤家、多謝你眞心假意、明曉得你是把淡醋兒喫、你全然不想我當初恩意。那時節怎麼起、憑着你心裏知。任你去使性胡行也、我把冷眼兒瞧着你。〔原注〕說到恩義、喫醋也不淡、使性也不妨。不切己、不喫醋、不相知、不使性）。

同四首の四に、

わたしら二人は愛してるから、嫉妬するのは当然で、それで全てが、うまくいく。なぜならば、行くにも一緒、座るも一緒で、一歩たりとも離れない。あなたを監視するのでなくて、逃げて行くのが恐いから。わたしの嫉妬を咎めるならば、いっそわたしを捨てなされ（我兩人要相交、不得不醋、千般好、萬般好。爲着甚麼、行相隨、坐相隨、不離你一步。不是我看得你緊、只怕你脚野往別處去波。你若怪我喫醋撚酸也、你索性到撐開了我）。

【一〇】こちらが妓女を持ちこたえるようにして、妓女にこちらを見捨てさせるな。

〔原注〕妓女との仲が疎遠になってきたと感じられ、長続きできないと思ったら、必ず持ちこたえる方策を立てれば、見捨てられる目にあわない。

〔訳者注〕和刻本『開巻一笑』の『風月機関』釈義に、「莫教他閃我――情意漸々ヲロソカニナリテ、久シキコトアラジト覺ヘハ、其計ヲソナヘテ、彼ニ先ヲトラレナトノ戒ナリ」。

『青楼韻語』の注に、「妓女が異心を抱いたら、すぐに対応策を取れば、捨てられないで済むだろう」（他既生心、我既預爲之計、庶不着閃）。

【一一】最初から情が厚いのは決して本心ではない。だんだん濃くなってこそ真意である。

〔原注〕この二句は人情の常である。解釈を待つまでもなく自明のことだ。ところが溺愛の徒には、常に「おれは某妓と一～二度寝ただけで、すぐに馴染みになった」というのがいるが、全くお笑いぐさだ。

〔訳者注〕『青楼韻語』の注に、「一見で素晴らしいと褒めるものがいるが、一見では沢山得ることはできない」（一見稱奇者有之、然不可多得）。

【一二】妓女の心を買いたければ、まず好むものを与えよ。

〔原注〕妓女と寝るのは容易だが、心まで買うのは困難である。妓女が好むものを好きになり、嫌がるものを嫌ってやればよい。欲張りには財貨で贈り物をし、色好みには淫欲で動かし、耳目に心惹かれるものには詩歌をもってし、気ままを好むものには自由にさせてやれ。そうすればどんな妓女の心でも買うことができる。

〔訳者注〕『青楼韻語』の注に、「好色・好貨・好詩・好酒など、種々の好みのものを、できる程度に与えよ。そうすれば心が買えない恐れはない」（好色好貨好詩好酒、具諸種種好尙、須量自己力量投之。何患心不可買）。

【一三】至誠で黙者を感ぜしめ、跳動（歌い踊る）で狂者を動かせ。

〔原注〕黙して語らないのは老成の妓女だから、こちらもきちんと静かに座して、妄りに発言せずに、至誠で接して

感動させよ。騒ぐのは年若い妓女だから、こちらも風を迎える柳のように、日に向かう桃のごとく、歌い踊って同調せよ。〝物は類をもって集まる〟というのは名言である。

〔訳者注〕『嫖賭機関』上巻「機関条目一百八」の第六六に、「妓女が静かなのを好んだら、騒いではいけない。にぎやかなのを好んだら、とりすましてばかりいるのはよくない。〔注〕妓女が静かなのが好きなのに、騒ぎ立てたら、落ち着きがないと嫌われる。ふざけるのが好きなのに、堅いばかりだと面白くないとばかにされる（他愛沈潛、我不可應叫跳。他喜動盪、我豈宜過於老成。〔注〕他好靜、我亂爲、他嫌我不穩重。他好耍、我固執、他笑我不流暢）。『青楼韻語』の注に、「これもまた〝好むものを与えよ〟の一端である。相互に情性が一致してこそ、心を動かすことができる」（此亦投所好之一端也。彼此情性相投、方能感動）。『周易』繫辞上伝に、「方は類を以て聚まり、物は群を以て分かる」。

【一四】酒好きの妓女とは、ともに酒を酌み交わせ。詩歌をたしなむ妓女には、杜甫の才を多く談じよ。

〔原注〕酒好きの妓女とは、酒杯の応酬をし、詩をわきまえた妓女とは、詩歌を唱和せよ。これもまた好むものを与えることである。

〔訳者注〕和刻本『開巻一笑』の『風月機関』釈義に、「劉伶具杜甫才——嫖經ニ曰、酒ヲ愛スル妓ニハ酒ノソナヘヲナシ、詩ヲ知ル妓ニハ詩ノ話ヲスルナリ。此篇多ク嫖客妓ノ爲ニ、計ヲ設ルコトヲ説リ意ヲ着ヘシ」。『青楼韻語』の注に、「〝好むものを与えよ〟とは、何事についても言えることだ」（投所好、種種如是）。

【一五】その上、言葉遣いはその場にふさわしくし、大声を張り上げて妓女の気にさわることのないようにせよ。

〔原注〕芸者遊びをしているときには、言葉遣いはその場にふさわしいようにし、大声を張り上げて、妓女の気にさ

わることをしてはいけない。

〔訳者注〕この条は本文・注ともに底本にはない。『五車抜錦』本、『萬用正宗不求人』本、『妙錦萬寶全書』本などによった。『青楼韻語』の注に、「嫖客が〝通人だ〟と言われるには、半ばは言葉遣いがタイムリーであることにかかっている」（子弟家、稱在行二字、半在談吐及時）。

【一六】色黒の妓女と居るときには、色白の妓女の美しさを言うな。貧乏な妓女には、金持ちの妓女の盛大さを誇るな。

〔原注〕色黒の妓女と居るときには、別の妓女の白いのを口にして、色黒の妓女を恥ずかしがらせるな。貧乏な妓女に金持ちの妓女の盛大さを誇って、貧乏な妓女の顔を赤くさせるな。

〔訳者注〕『青楼韻語』の注に、「色黒と貧乏はだれもが嫌うものだから、それを指摘してはいけない」（黑與貧、大略所諱。況可相形也）。

第三章　妓女の性情

【一七】大家（高級妓女）の作法には、おのずと違いがある。科子《かし》（私娼）の所作には、やはり差がある。

〔原注〕紅袖を両手で持ち上げ言葉なく、湘裙（湖南省産のスカート）着けて横たわり、無言のまま。これが高級妓女の作法である。歩かぬうちからスカートの裾が開き、坐ったとたんに靴を脱ぐ。これが私娼の所作である。

〔訳者注〕科子は窠子・窩子にも作り、私～と私を付ける場合もある。明・謝肇淛『五雑組』巻八、人部四に「役所に所属せずに、私宅にいて売春する女を土妓という。俗に私窠子といい、その数は無数である」。和刻本『開巻一笑』の『風月機関』釈義に、「翠袖ヲ捧テ言ナク、湘裙ヲ彈テ語ラズ。此大家ノナラハセナリ。未ダ動カザルニ裙先開ケ、坐ニツクヤツカズ、鞋便チ脱ル。此科子ノミモチナリ」。『嫖賭機関』上巻「機関条目一百八」の第六三に、「挙止端正なるは、おのずから大家の立派な作法。軽浮浅陋なるは、畢竟科子の所作。〔注〕尊厳ありて典雅、豊かな態度は人に愛され、軽薄にして支調（未詳）、私娼の習俗は深く嫌われる」（擧止端詳、自是大家豐範。輕浮淺陋、畢竟科子形（行？）藏。〔注〕尊重典雅、豊度令人可愛。輕重支調、科俗使人深厭）。『青楼韻語』の注に、「居所が気性を変え、養育が形態を変える。一目で龍か蛇か分かる」（居移氣、養移體。一見便決龍蛇矣）。

〔補注〕清の呉熾昌（薌厈《きょうかん》居士）の文言小説『客窗閒話』巻六「瘦馬」に、幼女を誘拐して、行儀作法や歌舞音曲を仕込み、年頃になると、官僚や金持ちの妾や遊郭の妓女として、高価で売る商売のことが描かれている。明の張岱の『陶庵夢憶』巻五の「揚州瘦馬」と並んで、高級妓女育成の経緯を描いたものである。澤田瑞穂『中国史談集』（早稲田大学出版部）の「痩馬を育てて」に「痩馬」のことと、『客窗閒話』の「痩馬」の訳文がある。

金陵（南京）の悪人の中には、各地で幼女を売りさばいたり、奇麗な子を選んで肌に磨きをかけ、立派な衣裳・履き物で飾り、師匠をつけて書画・琴棋・管弦など広く仕込んだりするものがいる。年頃になると金持ちの官僚や商人の妾や遊郭に高値で売るのだが、これを「養痩馬」という。貧乏人の子供で奇麗なのを見つけると、手を尽くして誘い、騙されて取り返しがつかなくなってしまう者が後を絶たなかった。

そのころ、雲南の出身で徐鄰という人が南京の上元県の知事をしていたが、公金に損失を出すミスを犯して、ショックで亡くなり、親友や使用人は逃亡し、夫人と幼女だけが頼るものなく他郷に残された。負責が多くなって家を追い出され、針仕事をするしかなくなったが、紹介された先が痩馬の家とは知らなかった。

その家では老女が取り仕切っており、男女の使用人が数十人いたが、だれもが「大奥さま」と呼んで敬っていた。そのほか十人余りの教師と、持ち場ごとに女性担当者がいて、母・祖母・老老などと呼ばれていたが、いずれも美人で立ち居振る舞いは優雅だった。家の決まりは厳しく大家同様で、幼い童子でも、とくに呼ばれなければ、奥へ入ることが許されなかった。

徐未亡人の仕事は刺繡を教えることだった。老女は未亡人の娘が十三四で美人で聡明なのを見ると、他の娘とは別扱いして可愛がった。母親と娘には自分と一緒に食事をさせ、娘には、はやりの服を着せ、他の娘たちと塾で読書させ、時間があると琴・絵画から管弦・歌舞も学ばせた。その才能は、他の娘達の及ぶところではなかった。未亡人が家柄を尋ねると、夫と息子はよその土地で任官していて、女だけが残っていると偽ったが、未亡人は真に受けた。

やがて三年して、娘が十五歳になり老女に婿選びを依頼すると、喜んで引き受けてくれた。その後まもなく、某公子が会いたいとのことで、娘達を順次会わせたが、いずれも気に入られず、最後に未亡人の娘を会わせることになった。そのとき未亡人が、

「それは大家のすることではありません」

と言って引き留めたが、老女が、

「これが金陵（南京）のやり方です。これでいいのです」

と言うので、やむを得ず応接間に出すと、公子はひげ面の大男で、お供が大勢いて、太っているだの痩せているだの、ぶすだの美人だのと言いあっていた。未亡人が娘と入ってくるのを見ると、公子はふんぞり返って礼もせず、座ったまま見ていた。お供が指さして、

「これはすばらしい女だ。ぴかいちの絶品だ」

公子も手を打って賛嘆して、

「掃きだめに鶴がいるとは驚きだ」

「千両でも高くはないですぜ。今決めなかったら、もう佳人は得られませんぞ」

娘は母を引っぱり、うなだれて戻ると、老女に、

「なんということですか。正室でなければいやでございます」

老女は笑いながら、

「こんな貧乏人と、だれが結婚してくれるというの。まず妾になって寵愛を得たら、正室になれるじゃないか。このぼっちゃまの父上は最高のお役人で、家には巨万の富があるから、お母さんもついて行ったら一生衣食に困らないし、私だっておこぼれにあずかって、一挙両得じゃないか」

娘は大声で泣いて、髪飾りを抜き、衣服を脱ぎ捨て、

「古い着物を返してちょうだい。お母さんと二人で死んで乞食になっても、生きてこんな辱めは受けたくないわ」

未亡人も怒って、

「あなたのおっしゃることは、本物の瘦馬の家のすることだわ」

老女はせせら笑って、

「あんたら親子にどんな神通力があっても、ここからは飛出せないよ。飲食・教育に三年かかったんだから、その費用は数百両だよ。お前の娘はうちの下女同様に私が主人なんだよ」

娘がますます激しく泣いたりわめいたりしたので、老女は下女たちに縛らせて空き部屋に放り込み、未亡人を追い出させた。

未亡人はひどく怒り、県役所へ行く道を聞いて、訴え出ようとした。出会った老婆に話すと、笑いながら、

「貧乏寡婦が瘦馬と争っても恥かくだけだよ。あいつが金銭で役所の門を塞ぎ、下っ端役人がぐるになって悪いことをしているから、おおっぴらに商売をしてられるんだよ」

「お話だと、決死の覚悟があっても、生きる道はないということでしょうか」

「あわてなさんな。私は官媒（役所認可の仲人）で、瘦馬の被害を受けていて、あんた同様あいつは仇なんだよ。いまできるのは、針仕事がおできになるなら、大きな役所の仕事を探し、そこの奥さまと親しくなり、折を見て苦衷を訴えたら、うまくいくかも知れないよ」

未亡人は思わずうなずいて、

「でも、どこから大きな役所に入り込めるかしら」

「総督の陳諭さまがお針子を探しておいでですから、チャンスです。すぐに入れますよ」

未亡人は老婆に推薦を依頼し、連れだって役所に入った。

未亡人の立ち居振る舞いが端正なのを見て、総督夫人は気に入り、令嬢の刺繡相手をさせた。未亡人が優しく指導し、まじめで気が利くので、令嬢は喜び、寝起きを共にした。未亡人はいつも娘のことを思い、深夜に忍び泣きをした。令嬢がその訳を知って母に伝えると、母は総督に語った。総督は立腹し、すぐに府や県の官僚を呼び出して、

「この地方で人身売買を容認しておるのは、監督不行届の罪を免れない。その上に官僚の娘の略奪があるとは、地方官たるものとして暗愚無知。何をやっておるのか」

と叱りつけた。官僚たちは驚いて、平伏して訳を尋ねた。総督は夫人の意を伝え、厳しく捜査究明し期日までに報告せよ。情報漏洩による犯人逃亡あらば、当該府県の責任を問うと命令した。

官僚たちは承諾して退出し、すぐに部下を引き連れて瘦馬の家を取り囲み、瘦馬と下働きの男女及び娘たちをみな捕えた。不意をつかれたので、逃げた者は一人もいなかった。役所では厳刑を以て尋問して、男女すべて流罪に処し、娘たちは親元に帰らせ、未亡人の娘は総督の役所に送り、母と再会させた。（以下省略）

（テキストは光緒元年滋本堂刊本を底本にした文化芸術出版社の歴代筆記小説叢書本による。）


【一八】駑馬の群でも出会ったら、その中にも必ず良馬がいるものだ。はまぐりでも輝きを発していたら、その中にもきっと珍珠が含まれているものだ。

〔原注〕駑馬とは下等な馬のこと、騏驥とは良馬のことである。蚌蛤（はまぐり）とは水虫のこと、貝珠は珍宝である。下馬の群に出会ったら、その中に必ず良馬の徳をもったものがいるものだ。はまぐりでも輝きを発していたら、必ず珍宝が含まれているものだ。下賤な妓女が上等な客に出会ったときでも、取り柄が必ずあるものだから、悪口をいう必要がない、ということのたとえである。

〔訳者注〕『開巻一笑』の『風月機関』釈義に、「駑駘――此對句、下妓トイエドモ、上客棄ルコトナカレ、取ベキモノアルヲ云」、「蚌蛤――ハマグリノ類ニテ珠ヲ含ムモノアリ」。『青楼韻語』の注に、「〝逸材はどこにでもいる〟とはこのことで、人材の育成と抜擢は高徳の僧がいてこそである。混濁せる眼では、豪傑も駄馬の扱いを免れない」（所謂何地不生才者此也。陶鑄識拔是在大善知識。倘魚眼溷珠、則伏櫪之歎、豪傑所不能已）。


【一九】気の合った客なら、何を言っても許される。気にくわない客だと、うっかりした失言でも口をきいてもらえなくなる。

〔原注〕男女は互いに情の一字で繋がっているに過ぎないから、確かに気のあった客なら無意識に逆らっても許される。だが気にくわない客だったら、失言でも口をきいてもらえなくなる。

〔訳者注〕『青楼韻語』の注に、「意中の人なら、気づかぬ内に寒いと暖めてくれ、淋しいとにぎやかにしてくれる。嫌われると、決して口もきいてくれない」（心心念念的人、不覺冷處着熱、閑處着忙。惹厭者、不須提起）。


【二〇】事物を敬愛してその人に思いを馳せ、事物を見てその人に思いを致す。

〔原注〕愛人の書簡を珍重して繰り返し読んでは封をするのが、事物を敬愛してその人に思いを馳せるということで

ある。枕元に残された針と糸を取り上げて涙が流れて乾かないのが、事物を見てその人に思いを致すということである。

〔訳者注〕原注は『五車萬寶全書』本によった。この条は『開巻一笑集』本には、本文・注とも収められていない。『青楼韻語』の注に、「愛人の書簡を珍重して繰り返し読んでは封をするのが、事物を見てその人に思いを馳せるということである。体型の長短に思いを馳せ、腰回りの狭寛を想像するのが、事物を見てその人に思いを致すということである。〔旧注による〕」（珍重玉郎親紙筆、幾回讀了又重封、是敬事及主也。長共短思量着樣子、窄和寬想像着腰肢、是覩物思人也〔舊注〕）とある。日用類書各書の注は底本（三台萬用正宗）と文字に異同があるものの、基本的にはよく似ている。『青楼韻語』に言う「旧注」とは、その類の一種と思われる。

【二二】靴を盗んでそしりを招き、ハンカチを切り裂き情を表される。

〔原注〕妓女の家へ行ってまだ深い仲でないのに、靴を袖に隠して盗む物好きがいるが、そんなことをしたら妓家から悪口を言われるに決まっている。ハンカチを切り裂くというのは、二人の情が深くなり、愛の証を求めて、ハンカチを二つに切り裂き、片方ずつ保管して情を表すことだ。

〔訳者注〕原注は『妙錦萬寶全書』本によったが、この条は、趣旨がよく分からない。『嫖賭機関』上巻「姉妹二十四婁法」の第十に、「このハンカチは、わたしの手製、あなたに贈り、証とします。華美ではないが、血書があります。〝物を見て人を思う〟と申します、どうかお捨てにならないで。〔注〕鶏の血で書いたのでなければよいが」（這幅汗巾、妾親手製。將來贈君、留爲表記。雖不華美、上有血字。睹物思人、幸勿輕棄。〔注〕只怕是鷄血染成）。同「姉妹送汗巾」に、「一枚の絹のハンカチに万感こめて、心は千里たれにか説かん。慇懃に書いてあなたに贈る、〝物を見て人を思う〟

別れを軽んずることなかれ。腰に結び、袖に畳み、わたしもあなたのお側で熱い思い。点々たるは涙の痕、赤黒いのは指の血」（一幅絲羅情萬結、寸心千里和誰說。慇懃寫以贈君子、覩物思人休輕別。腰間束、袖中摺、妾亦隨君傍親熱。斑斑點點是涙痕、漬漬濃濃指上血）。

【二二】何度聞いても口をきかないのは、気持ちが離れているからだ。呼んだらすぐに反応するのは、情愛がぴったりしているからだ。

〔原注〕再三尋ねて一つも答えがないのは、気持ちが離れているからだ。呼ぼうとしてまだ声にならないのに、すぐに応じるのは、情愛がぴったりしているからだ。

〔訳者注〕『青楼韻語』の注に、「その中から本心を汲取れ。さもないと面倒が起きたり嫌われたりする」（此中要識得眞。不然恐絮煩惹厭）。

【二三】膠漆《こうしつ》の固い仲でも、言葉の行き違いはあるものだから、責めてはいけない。雲萍《うんぺい》の偶然の仲ならば、礼を失することがあっても、怒ってはいけない。

〔原注〕昔、陳重と雷義とは友情が厚かったので、時人は〝膠《にかわ》と漆《うるし》で固めた仲〟と称した。情人との仲が深くなったら、少しぐらい言葉の行き違いがあっても、責めてはいけないということ。雲や浮草の集散は、常ならざるもの、行きずりの人にたとえる。その情は疎遠に決まっているから、礼を失することがあっても、責めるには及ばない。

〔訳者注〕後漢の陳雷と雷義は友情が厚かった。『後漢書』巻八十一独行列伝に見える。『蒙求』には「陳雷膠漆、范張鷄黍」とある。和刻本『開巻一笑集』の『風月機關』釋義に、「雲萍——妓卜嫖客トハ、雲ヤ浮クサノヨリアツマリタルガ如ク、散モアツマルモ定ナキナリ」。『青楼韻語』の注に、「深い仲なら許してやれ。疎遠な仲ならこだわるな。つまりは思いやりが大事ということだ」(交深則宜相諒。交淺則不宜認眞。總之以幇襯爲主)。

【二四】嫌いだったのに好きになったり、悪口が長引いて仲が悪くなったり。

〔原注〕憎とは嫌の意味である。いつもは嫌いだったのに、なにかの時にちょっとしたいいことがあってつきあい始めたら、深い仲になってしまったという妓女がいる。訕《せん》とは悪口を言う意味である。情人同士がたった一言で、悪口を言い合うことがある。趣を知るものなら、少しでも和解に努めよ。さもないと悪口が長引き、反目しあうようになる。

〔訳者注〕和刻本『開巻一笑』の『風月機関』釈義に、「憎仲致愛——此一聯、憎ミキラフ中ニモ、一ツノ徳シカタニヨツテ、愛ヲナスモノアリ。愛スル中ニモ一言ノ譏リヲワスレズ、久シフシテモ、其一言ヨリ、反目ヲナスコトアリ」。『青楼韻語』の注に、「嫌いだったのに好きになるのは、捨てきれない愛があって、いざこざを避けようとするからだ。悪口が解けなくて憎悪になってしまうのは、よくあることだ」(憎中致愛、必有一種愛不能釋、憎其波瀾也。至訕不解而成非、特其常耳)。

【二五】物事を行うのに、派手にしすぎると、そのことのために侮られる。かといって倹約に心がけると、そのことのためにうまい汁を吸われる。

〔原注〕これこそが妓家の嫖客に迎合するやりかたである。概して、女郎買いをするには、金遣いを適当にしなければならない。派手にしすぎてもいけないし、倹約しすぎてもいけない。妓女は客が派手だと見ると一層金を使わせ、

倹約していると見ると節約させる。結局、そのわなから抜け出せない。

〔訳者注〕『青楼韻語』の注に、「この条はもっぱら商人の芸者遊びのために説いたものだ」（専爲經紀嫖而說）。


【二六】人に会いて盛徳を誇るは常為、友に対して帰期を数えるは熟套。

〔原注〕身近の人に、情人の厚恩を感謝し、盛徳を称えるのは妓女の常の行為。情人の遠別後その友人に、お帰りの日を指折り数えるのも妓女の常套手段。これがいわゆる〝後からいい便りを託す〟というもの。

〔訳者注〕和刻本『開巻一笑』の『風月機関』釈義に、「逢人誇盛徳――傍人ニ禮謝スルニ、左モナキコトヲケバケバシキ語ヲツカヒ、遠トホシキ客ノ友ニ對シテ去リシヨリノ日數ヲ計フ。此マタ妓家ノ常爲ヲナジ套ナリ」。『青楼韻語』の注に、「かげの言葉こそ、常人の本心だ。嘘から出た真だ」（背後言語、常人最見眞情。此則假中做出眞也）。

【二七】浅い関係からだんだん深くなるのは長続きし、始め重く後で軽いのは疎遠になる。
〔原注〕浅い関係からだんだん深くなるのは、きっと情で通じて仲良くなるからだ。始め重くて後で軽くなるのは、きっと銭のためで疎遠になるのだ。（この訳当て推量）
〔訳者注〕『嫖賭機関』上巻「機関条目一百八」の第三一に、「会ってすぐ馴染む女は、深い仲になっても長続きしない。客を選んで馴染む女は、気を遣ってやれば長続きする〔注〕馴染みやすい女は別れやすく、長続きしない。馴染みにくい女は捨てがたく、長続きする」（逢人就好、縱厚我料亦不久。選人種愛、肯注意定是情長。〔注〕易好易丟、所以不久。難好難捨、所以情長）。『青楼韻語』の注に、「だんだん厚くなるのは情の仲。後から軽くなるのは銭の仲」（漸厚者情、後輕者利）。

第四章　妓女の心を読め

【二八】事は機に乗じ、言は節に当たるべし。

〔原注〕嫖客が歓楽を求めて、女郎買いに遊郭へ行ったら、行動は機会をとらえて行い、言葉は節（的）に当って発せられることが必要である。行動が機会に乗れず、機を逸しては無駄になり、言葉が節に当たらなかったら、妄談になってしまう。

〔訳者注〕『青楼韻語』の注に、「郭の仕掛けは、渦中の人には難解で、機に乗ずるのも厄介である。適切な言葉も、聡明な人にしてこそ可能になる」（煙花陣機關、在陣中人、識之頗難、乗機亦大費手也。出言中節、慧心者得）。

【二九】多く酒を置くこそひとえによろし、茶に侍らざるを咎むるなかれ。

〔原注〕酒色の二事は常にセットである。酒を飲まない嫖客など聞いたことがない。たとえば席を設けてお返しをする、誕生の一か月の祝い、歓迎・送別、月見・花見などにも、厭くことなく繰り返して酒が出される。妓家では歓送迎会がとりわけ多い。茶を飲む席に妓女は侍らないのが常例である。

〔訳者注〕『青楼韻語』の注に、「妓家では酒だけが宜（宜しい・ふさわしい）で、朝朝暮暮、しばらくも下げられることがなく、茶の席には侍らないというのが旧例で、咎めるに当たらない」（妓家惟酒爲宜、朝朝暮暮、不可暫徹。不陪茶是其舊例也。何足怪）。

【三〇】しげしげと通うのはかまわないが、長居はするな。物をねだられて応じてやるのはよいが、債務のことには口を出すな。

〔原注〕暇なときに妓家に友人と茶を求め、一軒一軒尋ね歩くのを俗に串門子《せんもんし》という。大抵は世間話をするだけだが、長居して商売の邪魔をしてはいけない。面と向かって苦情は言わなくても、陰で恨みを言う。やりて婆は、嫖客が妓女と次第に熱くなってきたのを見ると、物をねだらせるが、これを俗に派差《はさ》という。嫖客としては承諾してやるがよい。そうでないと体面を失う。妓家では債務が多いものだが、債権者の来訪に出くわしたら、気づかぬふりをせよ。詳しく尋ねたら必ず泣きつかれて、代理返済を引き受けてやらないと、気まずくなる。

〔訳者注〕和刻本『開巻一笑』の『風月機関』釈義に、「串ハ串門ノ子弟ト云テ、事無トキモシゲク往來スルモノヲ云。那ヤウノ子弟ハセツセツ往クハヨケレドモ、長坐シテ、生意ノ妨ヲスルコトナカレトナリ」「差ハ差派ト云テ、ワリツケモトムルナリ。鴇子妓ヲシテ情熟孤老ニ物ヲ索メシムルコトナリ」。『嫖賭機関』上巻「機関条目一百八」の第四六に、「派差に応じないのは、けちすぎる。求めを量って応じてやれば、袖の下にはなる。〔注〕派差は善意からではないが、全て拒否するのもよくない。求めを量って応じてやれば、多額でなくても、求めに背かない」（派差不應、忒煞小器。量而答之、可以塞白。〔注〕派差非好意、不可全不應。量答雖不多、亦不負其求）。「袖の下」は原文「塞白」（贈賄する）、訳は『明清呉語詞典』（上海辞書出版社）によった。『青楼韻語』の注に、「しげしげ通うのも悪趣味だから、長居はなおさらだ。この連中は銀子しか眼中にない。債務の代理返済は、極力世話してやるにしても、あまり情を示すな。派差には事情を汲んで応じてやるのは誤りでない」（頻串已不趣、況可久座乎。此輩唯喜見銀到手。若代他完債、即極力周旋、不見人情也。派差則酌而應之、還未失策）。派差は科派ともいう。

〔補注〕『警世通言』巻二十四「玉堂春落難逢夫」では「派差」を「科派」といっている。

やりて婆はトランクが運び込まれるのを見ると、いよいよご機嫌をとりました。朝食は寒食節、夕食は元宵節のようで、いつの間にか一か月余りたちました。やりて婆は科派の心が芽生え、芝居・音曲付きの大宴会を設けて、三官（王景隆）と玉堂春の二人をもてなし、

「王さん、娘はあなたと夫婦になったのだから、いつまでもこの家の切り盛りはみな助けて下さいよ」

と言って献杯した。

三官はただもうやりて婆の気を損ないたくなかったし、銭など眼中になかったから、やりて婆の言いなりになって、借金を全部返済してやった。そのうえ髪飾りや酒器を買ってやり、衣服も作ってやり、家屋の改造まで約束してやった。さらに百花楼を一棟増築して、玉堂春を住まわせた。やりて婆の求める科派は全部聞入れてやった。これぞ〝酒ひとを酔わせずひと自ら酔い、色ひとを迷わせずひと自ら迷う〟というもの。

さて三官は酒と女に迷わされて、家に戻ろうとしませんでした。光陰は矢のごとく過ぎ、いつしか一年がたちました。忘八（妓楼の親方、撅丁）とやりて婆は、終日科派し続けでした。水揚げ、誕生祝い、女郎の購入、下女の買入れはいうまでもなく、忘八の墓まで買ってやり、王定はすっからかんになってしまいました。忘八は文無しになったのを見ると、すっかり冷たくなって、日常の世話もしなくなりました。それから半月もたちますと、妓楼中のものたちが騒ぎ出しました。やりて婆は玉堂春に、

「〝銭があってこそ妓院住まい、銭がなければ養老院〟と言うじゃないか。王さんは銭がなくなったのだから、ここに置いてどうするのさ。妓院の節婦など聞いたことがないわ。おまえはあの貧乏神の世話をして、どうしようというのだえ」

と言い出した。

『全明散曲』第四冊所収の無名氏の散曲〔南商調黄鶯児〕「教妓」（妓を教える）に、

私語は蜂蜜のように、気付かれぬよう腸を切れ。私情でこっそり逃がしてやるな。水揚げにはかくかく、誕生日にはしかじか。一年間に五回やれ。派差はしばしばやりなさい、苦肉の計、剪・刺・燃香も（私語若蜂糖、軟尖刀賺斷腸、私情暗地無空放。上頭這椿、生辰那椿、一年五次纔停當。派差忙、計行苦肉、剪刺與燃香）。

苦肉の計、剪・刺・燃香については後出。

【三一】挙動が軽盈なのは、一生媚びを売る。行蔵が穏重なのは、やがて従良する。

〔原注〕挙動が軽盈とは、孃娜《じょうだ》（美しい・しゃなりしゃなりしている）の形容で、語るより先に笑い、歩く前に体を揺すること。このような妓女は、一生媚びを売る。行蔵穏重とは何をするにも端正で、言笑にも歯や唇を露出しないこと。花柳界に身を落としても、やがて必ず従良（身請けされること）する。

〔訳者注〕『青楼韻語』の注に、「今どき従良は珍しくない。押えのきかない女よりは、穏重なのを選べ。その方がいくらか柔順だ。軽盈でそれが本性になったら、媚びを売るのも従良も区別がつかない」（今従良者比比矣。若無駕馭之法、寧取穩重、庶幾易馴。然輕盈而有眞性、則賣俏從良、同一轍也）。

【三二】初会（なれそめ）は色に惹かれ、久しくして心に惹かれる。困窮の妓女は財貨を慕い、売れっ子の妓女は美男を慕う。

〔原注〕初会は、妓女の色に惹かれて心には惹かれない。久会（交わりが久しい）になると、心に惹かれて色でなくな

る。妓女が困窮しているときには、弊衣粗食で、財貨だけを慕う。余裕ができると、珠翠・綺羅を身にまとい、美男だけを慕う。

〔訳者注〕『青楼韻語』の注に、「色は心によりて造られるから、久しく会っていれば心はますます堅固になり、色で結ばれるとは限らなくなる。美男だと財貨が不可欠ではないが、美男で財貨が多いと、困窮の妓女も売れっ子の妓女も慕う」（色由心造、久會而心益堅、不必以色取也。俏不待財。既俏而財不竭、不但困妓慕也）。

【三三】情は貌を求めず、色は人を選ぶ。情を重んじる人は、嫫母《ぼぼ》とも同居できる。色を重んじる人は、西施であってこそ一緒に暮らせる。

〔原注〕嫫母は黄帝の妃で、人徳に優れていて容貌は醜かったが、黄帝はこれを愛した。西施は春秋時代の美貌の婦人である。

〔訳者注〕『青楼韻語』の注に、「俗に〝恋人の目には西施に見える〟というのも併せて考えよ」（俗云、情人眼裏出西施、此可合看）。

〔補注〕嫫母は、小説には美女の西施と対置される女性として出てくる。清の李漁『連城璧』第九回「寡婦設計贅新郎、衆美斉心奪才子」（寡婦が計を設けて新郎を迎えようとし、美妓たちが心を合わせて才子を奪う）に、明の弘治年間のこと、南京国子監の学生呂哉生が、容姿と才能を買われて高官の入り婿に迎えられたが、その妻が西施ならぬ東施、嫫母さながらで、呂哉生がショックをうけたという。

……ところがこの夫妻は、昔からのことわざ〝馬鹿な夫に利口な花嫁、美男の婿に醜い女房〟そのものだった。呂哉生は絶世の美女のようだったが、お嬢さんは醜悪な男のようで、あばたがあって色黒で、それに愚かなものだった。呂哉生は一目見だけでかっとなり、取り消しもできず、履行もできなかったが、でもしかたなく数夜は我慢したものの、その後は、書斎に避難したり、外出して勉強したりしていた。この因縁は一生変えることができないと思っていたところ、なんと運命が好転して、一年もしないうちに、そのお嬢さんが急病で亡くなってしまった。

呂哉生はこの悪星の下から逃れることができると、東施から離れても、また嫫母に出会うのではないかとひたすら恐れて、再娶する気になれず、独り寝を続けるのだった。

【三四】「明朝いらして」と言ったら、今夜客があると知れ。「昨夜は？」と聞いたら、きっぱり「誰とも」と答えよ。

〔原注〕嫖客に「明日会いにいらして」と言ったら、今日客があると知れ。「昨夜は誰のところにお泊まり？」と聞いたら、きっぱり「誰のところにも」と答えよ。

〔訳者注〕『青楼韻語』の注に、「首句はおとくいを失うのを恐れるから。次句は嫉妬を防ぐため」（首句恐失了主顧。次句防吃醋也）。

第五章　妓女対客十箇条

【三五】走・死・哭・嫁・守は、〔本心からしているのでなくて〕にせだとしても、容易にできることとは言えない。抓・打・剪・刺・焼は、〔本心からしているのでなくて〕うそだとしても、実行は困難だ。

〔原注〕妓女が嫖客のためのにする条目に十箇条ある。走・死・哭・嫁・守・抓・打・剪・刺・焼である。

① 走には情走と計走とがある。情走は嫖客と深い仲になって、送り迎えがおっくうになり、やりて婆に叩かれ罵られ、親方（妓家の主人）に陵辱され、粗大な道具を放棄して、宝石・衣服を取りまとめて、嫖客とよその土地へ逃げること。計走は客の軟弱につけこんで、罠を仕掛け、情があるかのようにだまして駆け落ちし、生活が安定しないうちに、やりて婆と親方が現れて、役所に訴えるとおどかし、財産を奪って終わりにするのをいう。

② 死には真死と口死とがある。真死は嫖客の父母が家に居て、妓女を正式に娶ることができず、やりて婆が金を要求し、親方が放さないために、嫁ぐことができず、二人ともどうしようもなくなって、死んで一緒になろうとすること。口死は、客が多いのに情がさっぱりないので、一緒に死のうと言って客の心を動かして、すこしでも打開（?）しようとして自尽すると言うこと。

③ 哭には情哭と貪哭と被笑哭とがある。情哭は嫁すこともできず、駆け落ちもできず、長く一緒に居られないのを恐れて、悲しみ哭き続けること。貪哭は嫖客との離別に臨んで遠くまで見送り、陽関の曲（送別の歌）が終わっても、両目の涙が止まらず、賓客がなだめればなだめるほど慟哭するので、どうしたらいいかと、みんなで顔を見合

わせて銀子を贈ったら、やっと哭きやむこと。被笑哭は、昔のことだが、ある妓女が十里の遠くまで見送り、衣服を引いて慟哭したので、嫖客もさめざめと泣いた。そのとき郊外の牧童が二人手を打って大笑いして、「ぼくたちこの姐さんが二か月もしないうちに、ここに来て五回哭いたのを見た」と言ったこと。

④ 嫁には真嫁と暫嫁と説嫁とがある。真嫁は嫖客が金を出し、妓女が心を入替え、二人が相和し、末永く夫婦になること。暫嫁は嫁ぐ前に気ままな心を入替え、汚れた行いを改めたが、嫁いだ後は粗食に耐えられず、放蕩も改められず、またでたらめをしかねないので、適当に追い出されてしまうこと。説嫁は嫖客の権勢が恐くて拒否できなかったり、金が多いのを見て身受けを望んだりして、口先だけで同意しながら、引き延ばして実行しないこと。ことわざに〝妓女が嫁ぐと言わなかったら、嫖客は手の出しようがない〟という。

⑤ 守には自守と逼守とがある。自守は嫖客との情が深く、かつての誓約を守り続け、客を取らずに門戸を閉して、もっぱら嫁ぐ日を待ち続けること。逼守は本心では貞節を守る気は全くないのだが、嫖客に金が多くてやりて婆を買収され、静室に移されて、一人だけを待っているもので、体は束縛されているが、心は束縛されないものである。

〔訳者注〕『青楼韻語』の注に、「この五事はとりわけ人の心を動かしやすい。哭・嫁はまとわりついて解きにくい。走・死はいっそう不名誉で、本気のときほど処理しがたい。そうなったら特段の見識を発揮して、自分の考えを貫いてこそ、網にかからないですむ」（五事最易動人。哭嫁守者、纏綿牽繋、已不可解。走死更非好聲息、愈眞愈不可解也。子弟至此、須放一段眞識力、眞主張、方不墮網）。

⑥ 抓は嫖客に腹を立てたときに、顔にひっかき傷をつけたり、うなじに愛咬のあとをつけたりして、仲間に、「この人が約束を守らないからなの」と言わせること。これは深い仲なればこそで、浅い仲ではあり得ない。

⑦ 打には訕打《せんだ》と耍打《さだ》とがある。訕打は愛しているのに裏切られたときのしぐさ。嫖客が家に入って来るなり、耳を

つかんで「毎日どうして来ないのよ。一体どこへ行ってたのさ。ぜんぶ始めから白状なさい」と、げんこつが止むと次ぎはびんた。むっとするといよいよひどくなり、笑ってなだめると収まる。耍打は深い仲にあるのではなくて、客の嫉妬を憎んだり、物をねだったのにもらえなかったり、あるいは何か思い通りにならなかったりして、打つことでその恨みをはらすこと。

⑧剪には真剪と拒剪とがある。真剪は昔からあったことだが、今でもまねされており、頭のてっぺんの黒髪を選び、情人の歯で嚙み切らせ、美しい紐で縛って、長く愛のあかしとするもの。拒剪は焼や剪をしてくれと言っただけで、きっぱりと拒否されること。一度の焼や剪の要求で断絶してしまうこと。長い情のつきあいの仲で、そんなことをする必要はなかろう。

⑨刺は苦肉の計とされるけれども、情を苦しめるものでもある。三本の針で打つ（?）のを画といい、五本で打つ（?）のを刺という。鮮血が出たら、墨で押さえる。口では痛くないというが、実際には激痛を受けているのである。傷痕がきれいになって、始めて筆画（文字）が本物になる。これは至情がなければ、できないことであろう。

⑩焼は、古人は病気が膏肓に入ったときに灸をしたが、今人は情が肺腑には入ったときに焼くもの。紅を壮（灸の藻草の類）に使うと、やけどの痕が赤くなり、わら紙を使うと黒くなり、真綿を使うと白くなり、線香を使うと陥没する。よもぎを使ったら色事ではなくなって、病気治療のお灸だ。この焼に単焼・双焼・復焼・妬焼・合同焼・豆瓣焼《とうべんしょう》・鼎足焼・桌脚焼・梅花焼・全粧焼・騙焼・村焼・無情焼・万星拱月焼などがある。

単焼は、男か女か、どちらか一人が焼く。

双焼は、男女が相従い、彼此同心、出会ったときに、海山に変わらぬ愛を誓って、腕を並べて痛苦を共にし、壮を二つ一度に焼く。

復焼は、恩愛極めて深く、一度焼いただけでは気がすまず、やけどの痕がまだ癒えないのに、再度また焼く。

妬焼は、前の男と切れたのに、やけどの痕がまだ残っていて、すでに終わった仲なれど、残しておけば疑われ、もしも消してしまわないと、情の疎遠が恐れられ、古いやけどを消し去って、新たな肌をまたも焼く。

合同焼きは、男は左、女は右で手を握り、二人の虎口（親指と食指の付け根の水かきのような三角形の部分）に壮を置いて、誓いを立てて、欠けた月のような形に焼く。

豆瓣焼は、腕の上や胸の間に、二つのやけどの痕が、横たわった蚕のような形に焼く。

鼎足焼は、上に一つ下に二つで、珠を積み重ねたような形に焼く。

卓脚焼は、口の字形に四隅を焼く。

梅花焼は、やけどの痕が寄り集まって、梅の花のようにする。

全粧焼は、壮をとりわけ多く使い、焼くときの苦痛が最大で、額に瓔珞のように、耳元に連環して、左右の手に腕輪のように、胸の前後に……（この行、原文十四字難解）。

騙焼は、薄情ものが（次の句四字難解）……一時の過ちからするもの。

村焼は、田舎ものが妓女とつきあい、妓女があまり大金を使わせ、お返しのしようがなくて、「深い仲になったのに、まだ情をお見せしてない。焼をして差し上げたいけれど、どう?」と言ったら、田舎ものが「いいね」と言うので、「お好きなところに壮を置いて」。田舎ものが脚を挙げてくるぶしを指さし「ここに置いてくれ」。妓女がびっくりして、「どういうこと?」「おれの脚気にもお灸をすえて治してくれよ」。

無情焼は、壮を蜂の巣穴に差し込み、鉄磧を皮膚の上に埋め、金剛沙を塗って焼くと（この条よく分からない）、皮膚は焼けただれ損なわれて、骨が現れる。話で聞くことはできても、とても見ていられない。話のたねにする人がいるけれど、人の世のことではない。
（万星拱月焼は、原文が正確には読めないが、大意は、月のまわりを多くの星が取巻いているように、中央に大きな壮を置き、そのまわりに小さな壮を配する焼き方のようである）そんなことをしたら焼け死なないか、と問う人がいるが、こんな奴らは生かしておいて何の役に立とうか。

〔訳者注〕『青楼韻語』の注に、「抓・打は悪習である。剪・刺・焼は真情のようだが、一時の気まぐれが多い。ただ〝百折不回〟（初志貫徹）でこそ、成し遂げられるといえよう」（抓打、悪習也。剪刺焼、似乎情眞、然一時慷慨者有之。惟百折不回、纔爲眞到底也）。

和刻本『開巻一笑』の『風月機関』釈義に、「走――妓ノ眞心ヲ示ス條目十種アリ。所謂走ハカケオチナリ。死ハ命ヲ惜マヌナリ。哭ハ泣テミセルナリ。嫁ハ其身煙花ヲ出テ、情人ニ従フナリ。守ハ大ナレバ一人ヲ守テ、他人ニ接ラヌヲ云。小ナレハ自守テ情ヲ他ニウツサヌナリ。抓ハ怨ヲ發シテ敵ヲカキムシルナリ。打ハタ、クナリ。剪ハ髪キリ爪キルナリ。刺ハイレ墨スルナリ。焼ハ腕香ノコトニテ、腕或ハ股ナドニ香ヲ焼キ、灸スルガ如シ。香灸トモ云。此十條ノワザヲ用ル中ニモ、眞僞アルベシトナリ」。

『嫖賭機関』上巻にも、論焼・論剪・論刺・論走・論死・論哭・論嫁・論娶が収められているが、内容は異なっている。

藤本箕山『色道大鏡』第六冊おほ鏡巻第六「心中部」には、近世日本の遊郭における遊女の情愛表現が「心中」と記されているが、そこには「放爪《ほうそう》」「誓詞」「断髪」「黥」「切指」「貫肉」の六種が収められている。「放爪」は遊女が爪を切り離して男に贈ること、「誓詞」は「起請文」ともいい、遊女が男への情愛を神仏に誓って文書を作り男に贈ること、「断髪」は遊女が頭髪を切り取って男に贈ること、「黥」はいわゆる入贅《いれぼくろ》で、遊女の身体に男の姓名などを入墨すること、「切指」は遊女が指を切り落として男に贈ること、「貫肉」は主に衆道（男色）で肘や股の肉を刃で突き刺すことである。それぞれの記述は詳細であるが、種類は六種（男女間では五種）で、『風月機関』ほど多くはない。

〔補注〕「妓女対客十箇条」が取り入れられた小説・戯曲の例は少なくない。そのいくつかを指摘すると次のようになる。一作品中に数箇条まとまって出てくる場合と、一～二箇条が個別に出てくる場合とに分けて指摘する。丸数字は前掲〔原注〕十箇条の冒頭に付した番号に対応するものである。

（一）「妓女対客十箇条」が多数まとまって出てくる場合

明の徐霖『繡襦記』伝奇の例を、『明代の遊郭事情　風月機関』の「解題に代えて」で指摘してあるので、今ここではそれとは別に、清の無名氏の小説『金雲翹伝』の場合を取り上げたい。『風月機関』では走・死・哭・嫁・守・抓・打・剪・刺・焼の十箇条だが、『金雲翹伝』（『古本小説叢刊』第二十三輯所収本に拠った。このテキストは浅草文庫の蔵書印があるから、日本の国立公文書館所蔵本の影印であろう）巻二の第十回には、このうちの七箇条―哭・剪・刺・焼・嫁・走、死が、妓女の学ぶべき「日用的制度」（日常的応対法）の七法として出てくる。やりて婆の秀媽が、王翠翹を馬翹と改名した後に、「枕席上的工夫」（ベッドの上の技法）八法の後に教え込む場面がそれである。

③哭　『金雲翹伝』巻二第十回の、やりて婆・秀媽が馬翹（翹児）に、妓女の日常的応対法七法の第一法を教える場面に、

「その第一を哭というの。金持ちの客が、しばらく泊まって帰りそうになったら、哭きながら、〝おにいさん、どうして私を捨てて行っちゃうの〟と言い、甘えて逃がさないようにしなさい。そうすればどんなに剛直な男でも、居続けるよ。遊び慣れた男なら、きっと〝客はいくらでもいるのに、なんでこんなに情をかけるのか。おれとおまえは行きずりの仲、本気になることもなかろう〟と言うに決まっている。そうしたら涙を流して泣

きながら、〝この残酷者、愛し合ったら名残惜しくて捨てられないのは言うまでもなく、石でさえも長く抱いてれば熱くなるもの。取る客は多くても、好きになるのはただ一人。ほんとに惚れたはお前だけ〟と言い、二筋なみだ流せば、過ぎ去りし春を呼び戻し、ひとたび秋波送れば、風流人の心を奪う（この四句は原本が不鮮明で、遼寧古籍出版社『才子佳人小説集成』所収活字本によった）」。翹児が、「涙が出なかったらどうしたらいいでしょうか」と言うと、秀嫣が、「大丈夫。すり下ろした生薑をハンカチに染みこませておいて目をこすれば、泉のようにわき出てくるよ。」

⑧剪　右の哭に続いて、

「その第二を剪というの。客の逗留が長くなると、お前に恋心を抱くから、私が計略を設けて、その心を結び付けてあげる。友人は二人の仲がいいのを見ると、仲を裂こうとするから、二人で一緒に髪を切り取って一つに結んだり、二つに分けて腕を縛ったりして、結髪（正式の結婚）の意志を示しなさい。そうすれば客は自然に信じこんで、本気だと思い込み、離れられなくなる。」

⑨刺　右の剪に続いて、

「その第三を刺というの。二人の気持ちが打解けたら、必ず厳重な方法で心を繋ぎ留なさい。お前自身で、両ひじの下や股の上に、針（？原文「花針」）で〝親愛なる夫某さま〟と入墨をして見せつければ、情愛が自分にだけ濃厚だと思い込んで、必ず引っ掛かってお前に夢中になるさ。そいつが離れて行っても、後で別の客が見て、前の男はどうやって女に尽くし、こんなにもてたのだろうかと思うだろう。そのうえ必ずいろいろと手厚くしてくれて、前の男への愛を自分の向けさせようとするだろう。そのときお前はすかさず、眉をひそめて泣きながら、その人がどれだけ銀子を使ってくれたか、どのように愛してくれたか、どにように趣を知る人だったか、それなのに私は応えてあげられなかった、と言い終わったら、偽の涙を少し落しなさい。こんなふうにすれば、他の女に手を出す気がなくなって、金を使ってくれるようになるよ。」

⑩焼　右の刺に続いて、

「その第四を焼というの。焼は苦肉の計よ。今時の妓女は抜け目がないが、嫖客も利口でね。客の歓心を買い、銭をだまし取ろうとするには、よほど心を動かさないと、だましてひっかけるのはできないよ。それができるのは、この苦肉の計だけなの。男は心を変えず、女は二心を抱かず、もし背いたら、神と天との死を受けけん、と誓い合って、二人で共に灸をすえ、第一のつぼは、同心にして恩情の最厚の者（？）の灸で、〝公心中願〟というの。二人で上半身裸になり、腹と腹、胸と胸をぴったりくっつけて、〔間に〕香を〔もぐさに代えて〕焼くの。第二は二人が頭を並べて灸をすえるもので、〝結髪頂願〟というの。第三は女の左腕と男は右腕を合わせて、〔その間に香を置いて〕焼くもので、〝聯情左願〟というの。第四は女の右腕と男の左腕を合わせて、〔その間に香を置いて〕焼くもので、〝聯情右願〟というの。第五は女の左股と男の右股を合わせて、〔その間に香を置いて〕焼くもので、〝交股左願〟というの。第六は女の右股と男の左股を合わせて、〔その間に香を置いて〕焼くもので、〝交股右願〟というの。昔、曹操の八十三万の人馬が江南を攻めたとき、黄蓋の苦肉の計にやられてしまったことがあつたが、世の中でこんな馬鹿な男は少なかろうが、お前がほんとにお香の灸をすえたら、男は家産を失っても後悔しないだろうよ。」

④嫁　右の焼に続いて、

「第五を嫁というの。嫖客が一緒になりたいと言わないと面白みがないし、妓女が嫁ぎたいと言わないと可愛いげがない。でもこの場合の嫁ぐというのは、堅気の娘が嫁ぐのと違って、相手の事情で情況が変わる面白さがある。男が千金の資産家で、身請け金がいくらかと尋ねたら、いくらいくらで売られて、何年間客を取ってやって、いくら稼いで、あといくら残りの利息があるか、あと何百両やれば……（原文二字不鮮明）と言い、終日身請け話をして、誓いあっているうちに、男は頭が変になって、自然に惜しげもなく金を使う。金がなくなれば、身請けできなくなるから、お前から辞退するまでもなく、自分からおとなしく離れて行くよ。」

①走　右の嫁に続いて、

「第六を走というの。これは妙計中の妙計で。男が遊んで手元が苦しくなり、身請けもできず、遊びも続けられなくなって、こちらから追い出したくなったときの唯一の走（駆け落ち）の手で、男をだますことができるの。どこそこへ逃げようと約束したり、どこかに船を用意させたりして、信用させてしまうの。そしてその日になったら、いざ出かけるときに、ひそかに頼んで置いた人に踏み込ませて、役所にしょっ引くぞと騒ぎ立ててもらうの。当然男は行く気を失うわ。これを散兵の計（戦意喪失の計）というの。男は縁がなくて、だれかに良縁をぶち壊された思込み、〝拖刀の計〟に引っ掛かったなんて気付かないわ。」

②死　右の走に続いて、

「第七を死というの。これはにせの死で、ほんとの死ではないの。二人が仲良くなったときに、男の心に動揺が見られたら、〝私は生きてはあなたの家の妻、死してあなたの家の霊よ。必ずあなたの家に嫁ぐわ。私を迎えてくれないなら、死んでもあなたの上にいるわ〟と言いなさい。男に妻と妾があって、明らかに一緒になれないのが分かったら、〝あなたの妻になれないなら、愛し合ってもしかたがないわ。沢山客を取ったけど、あなたのように優しいお方はいなかった。一緒になれないなら、あなたと死んだ方が、別れて生きるよりましよ。これがこの世で同心結を結ぶことができ、あの世で連理の樹になりたいだわ〟と言いなさい。それで心を動かされない男はいないよ。」

『金瓶梅詞話』第八十回には、

みなさんお聞き下さい。遊郭の妓女は媚びを売って暮しをたて、脂粉を塗って生活しております。朝には色好みの張、晩には遊び人の李と寝て、表門から親父を呼び入れ、裏門から息子を迎え入れ、旧いのを捨てて新しいのを迎え、銭を見て目を輝かせるというのが自然な道理でございます。身請けされる前は、打つは叩くは、摑むはむしるは、香で焼くやら、剪・走・死・哭・嫁でございますが、身請けされて迎えられると、心を入れ替えて従良するわけですが、いくら可愛がってやり、家の中に閉じこめようとしても、意馬心猿で心は押さえ切れません。夫の生前に盗み食いをして口をぬぐうか、夫の死後に騒ぎを起こして家を出て行くかです。いつまでも押えておけなくて、結局古巣に戻ってしまいます。これぞ〝竹筒に入れても蛇の根性は曲がったまま、籠から出ると鳥は逃げ去る〟というものでございます。

『全明散曲』第三冊、薛論道〔北雙調沈東風醉〕「章臺自警」（遊郭の自戒）に、

おれも遊んだ花柳の巷。おれにもあったいい女。おれも交わした甘い約束。おれも誓った永久の愛。だまされたって改心しようとしなかった。銭金なくなり止めにして、今では遠くへ逃げ出した。

おれも遊んだ投壺に双六。おれも手折った郭の柳。おれもやらせた剪と焼。おれもやらせた哭と嫁。だまされたって家に帰ろとしなかった。田畑も茶葉も売り尽くし、今やっとみんなうそだと気が付いた。

おれも遊んだ銀箏・象板。おれも歌った歌舞音曲。おれも使った内緒のお金。おれも誇った得意顔（?）。だまされたって戻ろうとはしなかった。水尽き鵞鳥も去って（金がなくなり縁が切れ）愛破れ、今では心ぼろぼろに。

おれにもあった愚劣な仲間。おれも遊んだ遊郭妓楼。おれも悩んだ二日酔い。おれもかかった花柳病（？）。だまされたって改めようとはしなかった。金が尽き果て古里へ、今ではまっぴらもう止めた。

（俺也曾眠花臥柳。俺也曾燕侶鶯儔。俺也曾月下約。俺也曾神前呪。撞東牆不肯回頭。少翅無毛一旦休、到而今高飛遠走。

俺也曾投壺打馬。俺也曾折柳攀花。俺也曾剪共焼。俺也曾哭和嫁。撞東牆不肯歸家。典盡田園用盡茶、到而今纔知是假。

俺也曾銀箏象板。俺也曾歌舞吹彈。俺也曾暗使錢。俺也曾明發訕。撞東牆不肯回還。水盡鵝飛雲雨殘、到而今心墮意懶。

俺也曾胡朋狗友。俺也曾謝館秦樓。俺也曾爲酒傷。俺也曾因花痩。撞東牆不肯回舟。水洗精光返故丘、到而今搖頭擺手。）

（二）「妓女対客十箇条」の内の一箇条ないし複数箇条出てくる場合

④嫁　『醒世恒言』巻三「売油郎独占花魁」（油売りが花魁を独占する）の最初の部分に、臨安の妓楼に売られた莘瑶琴が名を王美（王美娘・花魁娘子とも）と改め、だまされて水揚げされた後、やりて婆王九媽の義理の妹劉四媽に従良（妓女が平民と結婚して妓籍を抜けること）の手助けを求める場面がある。そこでは劉四媽が、従良には真従良・仮従良・苦従良・楽従良・趁好的従良・没奈何的従良・了従良・不了的従良など、種々あると説明する。

「真従良はね、おしなべて才子には佳人、佳人には才子こそお似合いだが、好事魔多しで、なかなかそういかない。でも幸いにそんな二人が出会って、相思相愛になり、娶りたい、嫁ぎたいと、くっついた蚕のように、死んでも離れない、というのが真従良よ。仮従良はね、客が妓女を好きになっても、妓女がその客を好きでなくて、嫁ぐ気はないのだが、嫁ぐと言ってだまして熱々にさせ、金を使いまくらせ、話がまとまるころに口実を設けて、断ってしまうこと。あるいは、馬鹿な客が、妓女に好かれていないのを承知で、無理矢理連れて行ったり、大金を積んでやりて婆を動かして、妓女が嫌がっても平気で、無理に連れて行き、妓女は無理に連れて行かれたので、従う気はなく、わざと家の決まりは守らない。わがままを言ったり、公然と男を作ったりする。

その家では置いておけなくなって、一年か半年で追い出してしまい、娼婦となって客を取ることになる。従良を金もうけの口実にしているのさ。これが仮従良。苦従良もこれと同じように客は妓女を好きだが、妓女がその客を好きでなくて、客に権勢で押し通されてしまう。やりて婆は怖いから、承諾するので、妓女はどうにもならず、泣く泣く連れて行かれる。高官の家は海のように奥深く、決まりが厳しいから、頭も上げられず、死ぬ思いで、妾か下女のような日を送る。これが苦従良。楽従良は、妓女が偶然つきあっていた客が穏和な性格で、暮らし向きが裕福、その上に奥さまがやさしい人で、子供がなく、嫁いで来ていつか子供を生んでくれることを望み、そしたら、正妻並になれる。それで嫁ぎ、当面の安楽と将来の出世（正妻になる）を図る、それを楽従良という。趁好的従良は、妓女が花柳界のおいしさを存分に味わっている全盛期、近づく客が多く、気に入った男が自由に選べるそんなときに、急流勇退、いやな目に遭わないうちに、早々と身を引く、というのが趁好的従良（好時期の従良）。没奈何的従良は、妓女には従良の意志がないのに、役所に訴えられたり、無理強いされたりだまされたり、負債が多すぎて返せなくなり、断り切れずよしあしかまわず、嫁いだ金で安楽を求め、身を隠すのが没奈何的従良（しかたなしの従良）。了従良は、妓女が中年になり、苦労を嘗め尽くしたころに老成した客に出会い、互いに意気投合して、遊郭から足を洗い、共に白髪の生えるまで、というのが了従良（添い遂げる従良）。不了的従良は、二人で愛しあって、熱々で一緒になってはみたものの、一時のきまぐれで長続きせず、舅姑に好かれなかったり、正妻に嫉妬されたりして、騒ぎの後で追い返されて、身請け金を取り戻されてしまったり、嫁ぎ先が落ちぶれてしまい、養ってもらえず、苦労には耐えられないはずで、出戻りして、日銭を稼いで暮らすのを不了的従良（添い遂げられない従良）というのよ。」

⑩焼　『金瓶梅話詞』の第八回・六十一回・七十八回に見られ、焼くのはいずれも西門慶で、第八回は潘金蓮の

陰戸を焼く場面、第六十一回は王六児の胸と陰戸と尾てい骨を焼く場面で、後者は北京図書館蔵『新刻繡像批評金瓶梅』本（三聯書店〈香港〉・斉魯書社刊）にその図もある。第七十八回には、急死する直前の西門慶が、寡婦の林太太の胸・陰戸を焼く場面と、如意児の胸・下腹部・陰戸を焼く場面とがある。次の如意児の場面が詳細である。

正門慶は女中たちがいなくなると、オンドルの上に上がって寄りかかり、白絹のズボンを下げ、一物を出して銀托子を装着し、如意に口で吸わせながら、手酌でやり、

「章四児（如意の子供のころからの呼び名）や、可愛い子、おまえが優しくお父さんに吸ってくれたら、あした花模様の緞子の袖無しを探し出してあげるよ、正月の十二日に着なさい」

「おとうさん、うれしいわ」

しばらく吸った後で、

「章四児や、おとうさんは、おまえの体を焼きたいんだがね」

「おとうさまのお好きなところを焼いたらいいわ」

西門慶はドアーを閉めさせ、スカートとを脱がせて、オンドルの上に仰臥させ、下にはいていた新しい深紅の潞州絹のパンツを脱がせ、袖の中から、林夫人の肌を焼いて残った焼酎に浸した香馬（香料の一種）を三粒取り出し、如意の胸当てをはずし、みぞおちに一粒、下腹部に一粒、陰戸に一粒置いて、安息香で一斉に点火した。一物はすぐ女陰に挿入し、うつむいて往来するのを見つめていたが、鏡台を取り寄せて、周囲も映し見た。間もなく香が焼けて肉に近づくと、女は眉をひそめ歯をくいしばって、痛みをこらえた。口では声を震わせ甘え声とうめき声が入交じって、しきりに、

「おとうさん、あなた、止めて、がまんできないわ」

「章四児、おまえ誰の女房だ」
「おとうさんの女房よ」
「おまえは熊旺の女房だったが、今日ではあたいのおとうさんのものになった、とお言い」
「あたいはもともと熊旺の女房だったけど、今日ではあたいのおとうさんのものになったの」
（訳文には岩波文庫本を参考にした）

焼の場面は小説・戯曲作品に多いが、次は笑話の例である。明の無氏名『笑海千金』（『中国歴代笑話集』第一巻所収）「嘲娼妓」に、

ある嫖客が遊びすぎ、金がなくなって妓女と別れるときに、記念のために焼をしてくれと頼んだら、
「四方疤（四角のやけど）にしてよ」
「どうしたら四角になるのか」
「一文銭を置いて、その中を焼けばいいじゃないの」
「そんな銭ないよ」
「銭がなければ焼けないわ」

これは、明末の日用類書『妙錦萬寶全書』（『中国日用類書集成』十四）巻三十三笑談門・『学海群玉』（大谷大学図書館蔵）巻三十四笑談門にも収められている。

⑥抓と⑦打　抓は耳をつかんだり、顔を引っ掻いたりすること。打は文字通り打つ叩く。『金瓶梅詞話』第八十回に、西門慶が死ぬと、妓女あがりの第二夫人の李嬌児が元の妓楼に帰ってしまう。その直後の場面に、

みなさん、お聞き下さい。遊郭の妓女は媚を売って暮らしを立て、紅おしろいで生業としています。朝には張

色男、晩には李遊び人、前門からは親父を呼び入れ、後門からは息子を迎え、旧きを捨てて、新しきを迎える。銭が見えれば目が開くのが自然の道理。郭にいては、叩くは打つは引っぱるむしる、焼くは剪るは、逃げよう死のう、哭だの嫁だの。嫁いだ後は、心入れ替え従良しても、たとえ男が恋い慕い、どんなに縛り止めようと、意馬心猿で繋ぎきれない。

明の徐霖（一説に作者不明）『繡襦記』伝奇第四齣に、李大媽の妓院へ海棠の花を観賞にきた崔尚書と曾学士が、妓女の李亜仙と三人で品定めをして遊ぶ場面があり、その場面に、

〔崔尚書せりふ〕　……曾学士どのは花の品定めが上手で、李亜仙は人の品定めが上手だ。そこでわしは花と人の両方の品定めをしてはいかがかな。
〔曾学士せりふ〕　それは結構。
〔崔尚書せりふ〕　ここに二種類の海棠がある。
〔李亜仙せりふ〕　そう、二種類だわ。
〔崔尚書せりふ〕　これはなんというのじゃ。
〔李亜仙せりふ〕　垂糸（スイシカイドウ）ですわ。
〔崔尚書せりふ〕　垂糸か。わしのようじゃのう。
〔李亜仙せりふ〕　もうこんなにお綺麗じゃないわ。
〔崔尚書せりふ〕　いや、綺麗だというのじゃない。垂糸のように軟らかいというのじゃ。
〔李亜仙せりふ〕　腰の下はきっと軟らかいでしょうね、背中はまだ硬いけど。
〔崔尚書せりふ〕　これはなんというのじゃ。

〔李亜仙せりふ〕鉄梗ですわ。

〔崔尚書せりふ〕曾学士どののようじゃ。わしが垂糸のようで、曾学士どのが鉄梗のようなら、そなたはどうなのじゃ。

〔李亜仙せりふ〕わたしが好きなのは鉄梗（鉄棒の意がある）よ。

〔崔尚書せりふ〕この女郎は硬いのばかり好きだ。

〔李亜仙せりふ〕そんなこと言ったら罰よ。

〔崔尚書せりふ〕どうしてわしを打つのじゃ。

〔李亜仙せりふ〕〝打つのは愛があればこそ〟と言うわ。

〔崔尚書せりふ〕打つのが愛だなんて、どこに書いてあるのじゃ。

〔李亜仙せりふ〕『嫖経』よ。

〔崔尚書せりふ〕『嫖経』など読んだことがない。面白いのか。

〔李亜仙せりふ〕喜ばせてあげたのに、打つなんて。

〔崔尚書せりふ〕〝礼は答えざることなかれ〟（『礼記』燕義）というじゃないか。そなたが愛してくれたから、わしも愛してやったのじゃよ。


明・陶宗儀『説郛』（涵芬楼本）巻二十六に引く宋・周叙『落陽花木記』の「雑花八十二品」の中に、「垂糸海棠——名軟条」とあるから、「垂糸のように軟らかい」という崔尚書のせりふには、基づくところがあったことが知られる。

馮夢龍編『掛枝児』歓部二巻（『明清民歌時調集』所収）「打」に、

なんども打とうとしたのは、本気だったのよ。歯をくいしばり、ほんとに打とうとしたけれど、できなかったわ。やっとその気になったとき、やっぱりなぜかためらった。軽く打ったら恐がらない、強く打ったら可愛そう。いいわ、あなた、打つのはよすわ。〔原注〕米農部仲詔の作である（幾番的要打你、莫當是戯、咬咬牙、我眞箇打、不敢欺。纔待打、不由我又沉吟了一會。打經了你、你又不怕我、打重了、我又捨不得你。罷罷罷、冤家也、不如不可打你。　此米農部仲詔作）。

米農部仲詔とは、明の万暦二十三年（一五九五）の進士米万鐘（字仲詔）のこと。宋の米芾の子孫で、書画にも優れ、董其昌と並び称された。

右の馮夢龍編『掛枝児』には、「打」に続いて同趣向の歌曲「愛」がある。

お前がおれを怒ったときに、お前を見たら、ははっと笑ったと思った。お前がおれを打ったとき、お前に打たれて、からかわれたと思った。お前がおれを罵ったとき、お前の声を聴いてたら、恋人を呼んでると思った。お前が罵る声がすてき、お前が打つ手のしぐさがかわいい。お前が喜んでも怒っても可愛いが、怒ったときにはいよいよすてき（你嗔我時、瞧着你、只當做呵呵笑。你打我時、受着你、只當做把情調。你罵我時、聽着你、只當把心肝來叫。愛你罵我的聲兒好、愛你打我的手勢兒嬌。還愛你宜喜宜嗔也、嗔我時越覺得好）。

⑧剪　女性の頭髪は、文学作品中には、女性が愛情や貞節を表明する場面や、貧乏のために換金する場面に用いられたりする。嫁が親の葬儀費用や、母が子の社交の費用の捻出手段として用いられたり、その形態はさまざまである。

（1）愛情表現として

明の王玉峰『焚香記』伝奇第十二齣に、王魁が会試受験のために上京する日の朝、妓女の敫《きょう》桂英が前日の夜に切り取った頭髪を贈る。このとき王魁は莱陽の謝家の妓女桂英と結婚を約束していたが、金持の金大員外が横恋慕して、妾にしようと、やりて婆を金で動かし、離間を図っていた。桂英は王魁と海神廟に永久の愛を誓い合って、王魁を送り出した。この戯曲は、宋以来の王魁負桂英故事を踏まえてはいるが、『酔翁談録』巻二辛集負約類「王魁負心桂英死報」などの系列の裏切り物語ではなく、紆余曲折の末に二人が結ばれるという南戯特有の団円劇に改められている。

〔王魁せりふ〕　奥や、酒たけなわに別れることの恨めしさ、酒が醒めたらなお辛からん。緑の柳に鶯鳴いて、若草に駒のいななく。この時この際別れる辛さ、日没満潮出立の時。

〔敫桂英せりふ〕　旦那様、松にからまるかずらのように、わが身をそなたに託さんとせり。琴に繋いだ絃のごとくに、わが身をあなたにそわせんとせり。いついつまでも離れずに、一緒に居れると願いしに、今朝お別れをしたならば、この次はいつお会いできるやら。旦那様、わたし昨夜髪を一束切りました。お贈りいたしますので、箱にしまって置いてくださいな。朝晩この髪をご覧になったら、わたしだと思ってくださ い。くれぐれも裏切らないでくださいね。

〔王魁せりふ〕　かたじけない、こんなに心を尽くしてもらって。海神廟で誓いを立てたのだから、心配はいらぬこと。

〔敫桂英せりふ〕　旦那様、髪を切るのは容易なことではなくってよ。〔うた〕　わたしが髪を切ったとき、はらわたも一緒に切れました。〔せりふ〕〝身体髪膚、これを父母に受く〟と聞いております。わたしは今日、

〔うた〕あなたのためにあっさり毀傷、心は千々に乱れたり。〔せりふ〕この髪をあなたに差し上げますわ。〔うた〕たった三年結ばれて、この朝いまお別れ。この黒髪に、共に白髪を念じつつ、半分あなた差し上げます。〔せりふ〕わたしに白髪のときがあったなら、この髪のように、〔うた〕たがいに共に年取って、顔が老いても変わらぬようにいたいもの。〔せりふ〕この髪をご覧になれば、私の心がわかります。でもあなたの心はわかりません。あな悲し。〝顔は見られても、心は見られぬ〟。〔うた〕あなたの心を切り取って、あなたのお顔とくらべたい。

愛情表現としての剪髪は、普通の恋人同士の間にも見られる。清の華広生『白雪遺音』巻二の「送頭髪」に、

恋人が訪ねてきたら〝お掛けになって〟、袖の中から頭髪ひと束取り出して、目には涙いっぱい、〝これをもらってくださいな。わたしの父さん母さんに、迫られ今月嫁に行く。わたしを思い出したなら、この頭髪を見てちょうだい。わたしに会いたくなったなら、わたしが実家に来たときに、そのとき、絹のハンカチほどいてね〟（情人進門你坐下。袖兒裏掏出一籽子頭髪、涙汪汪、叫聲情人你可全收下。我的爹合娘、今月打發我要出嫁。你若想起奴家、看看我的頭髪。要相逢、除非等奴來走娘家、那時節、與奴再解香羅帕）。

だがとりわけ小説戯曲などで多いのは、妓女が嫖客に贈る場面である。馮夢龍『掛枝児』雑部十巻「妓」に、

妓楼には烟花の罠が仕掛けられ、香しい女の部屋は怖い牢獄。ハンカチの小さな文字はおまえの心の逮捕状。おまえを押さえる手がなくなると、女は頭髪切ったり、苦肉の計とて皮肉焼いたり、おまえの嫁になると言う。そんなときには聞いてやれ、〝何人男に嫁いだのか〟と（烟花寨伏下紅綿套、繡房中香噴噴是刑部的天牢。汗巾兒上小字兒是箇勾魂票。沒法了、他把頭髪剪、苦肉計將皮肉燒、動不動說嫁也。你問他嫁過幾箇人兒了）。

剪・焼・嫁が妓女の常套手段だというのである。次の笑話も同様である。

昔、妓女と深い仲になった男が、別れに臨んで、記念品を要求した。妓女が、

「髪を切るの、香でやけどをつけるの、ハンカチを裂くの、どれでもいいわよ」と言うと、男は、

「どれもいらん。あそこの肉が一切れ少し欲しい」

「いいわよ。お母さんに聞いてみるわ」

やりて婆に相談すると、

「このばかもの。一人に一切れずつやったら、十人で十切れ。あそこがなくなる。」


これは所詮、笑話にすぎないが、剪髪・焼香・ハンカチなどが、この業界では記念品としては、ありふれたもので、有り難みのないものだったことが知られよう。明末の『妙錦萬寶全書』（『中国日用類書集成』〈汲古書院刊〉第十四巻所収）巻三十三笑談門など、日用類書の笑話の部門に収められている。

このように頻繁に剪髪していたら、頭髪が少なくなってしまうのも自然である。『全明散曲』第四冊、無名氏、〔南商調黄鶯児〕「嘲妓」に、

愛よ永久にと偽ると、甘い誘いに男は迷う。はさみで髪を切り落とし、そなたとわたしを結びます。黒髪の紐で二人の腕を縛ります（?）。この次だれをだまそうか。あまり計略使いすぎ、頭の髪が薄くなった。――剪髪妓（假訂百年期。放甜頭他自迷。金刀下處香雲墜。你繫我的、我繫你的、青絲一縷交纏臂。又誰欺。頻施巧計、只落得頂毛稀――右剪髪妓）。

清末の徐珂『清稗類鈔』娼妓類「月上翦髪贈客」に、

乾隆の末ころ、江寧（南京）に月上という妓女がいた。客と深い仲になるたびに、髪を切り取って情を表した。それを、「明らかに昇天の計を試さんと、自ら刀で黒髪を切る」（?·分明小試騰霄雲、親把瓊刀割紫雲）と詠っ

た人がいた。だが深い仲になるのは一人だけではなくて、一度切るだけでないから、おかしなことだ。

（2）婚約時に女性側からの同意の証拠として

『初刻拍案驚奇』巻十「韓秀才乗乱聘嬌妻、呉太守憐才主姻簿」（韓秀才が混乱に乗じて美しい妻を娶り、呉太守が才能を惜しんで婚姻をまとめたこと）に、明の嘉靖帝のとき、未婚の女性が宮女に徴発されるとのうわさが流れた。驚いた金持ちの金朝奉が、娘・朝霞の徴発を逃れるために、貧乏秀才の韓子文に嫁がせることにした。男の側では申し入れに同意し、女の側から婚約書が提出されたら結納金を支払うが、ほかに証拠として、女の衣裳か、頭髪か、指の爪か、いずれかの一点を提供するよう求めた。金朝奉は「疑い深い人だ」と笑いながらも快諾し、娘の黒髪を一束届けた。その後、うわさがデマだったことが判明すると、金朝奉は貧乏秀才との婚約を後悔し、結納金を二倍にして返済することで、婚約の解消を迫った。韓子文は求めに応じて、婚約書と頭髪を返還する準備をしたが、府の長官の介入で話がまとまり、頭髪などの返還はなされなかった。

（3）若くして夫に死別した寡婦が、不再嫁の意志表明として

明の仇英絵図、清の汪庚校輯『絵図列女伝』全十六巻には、古代から明末に至る間の三百十名の女性の伝記を載せるが、そのうちの八名に、若くして夫に死別して寡婦となった女性が、再嫁を勧める圧力を拒否する手段として、「剪髪」「断髪」をした例がみられる。耳を切り落としたり、鼻をそぎ落としたり（『絵図列女伝』巻五「梁寡高行」の図）するのと並ぶ行為で、容姿はすでに前夫に捧げたものとして損壊して、再嫁拒否の意志を表明した。巻六「夏侯令女」、巻七「鄭善果母」、巻九「堅正節婦」、巻十一「応城孝女」、巻十二「馮淑安」、巻十二「李茂徳妻」、巻十

三「兪新之妻」、巻十五「兪氏双節」などがそれである。

『新唐書』巻二〇五の賈直言の妻の場合は、死別でもなく、断髪・剪髪でもないが、女性における髪のもつ重みを示す異色の記述である。唐の賈直言が事に座して流刑されるときに、年若い妻董氏の将来を案じて、再嫁を勧めたが、董氏は拒否し、頭髪を束ねて布で縛り、直言に自署封印させて、「あなた以外には解かせない」と誓った。直言が二十年後に帰宅したときには、封印のままだった。沐浴し、頭を洗ったら、髪がすっかり抜け落ちた。明末清初の余懐が戯曲化して「封髪記」伝奇を作ったが散逸した。（この資料は小塚由博君の提供によるものである。）

（4）暴力から、身を守るために

明の鄭若庸『玉玦記』伝奇第十八齣に、秦慶娘が張安国に身を汚されそうになり、「剪髪破面、残毀形容」して拒絶した。

明の梅鼎祚『玉合記』伝奇第二十三齣に、柳氏が安祿山の反乱軍から身を守るための変装として、「剪髪毀容」した。

（5）換金目的で

舅姑の葬儀費用入手のために――明の高明の『琵琶記』伝奇第二十五齣に、趙五娘は舅の埋葬の費用を捻出するために頭髪を売った。

息子の交際の費用入手のために――明の無名氏『運甓記』伝奇第二齣に、晋の陶侃の母湛氏は、息子を訪ねてきた范逵を接待するために、頭髪を売って費用を捻出した。古く南朝宋の劉義慶『世説新語』賢媛篇に見える話である。

頭髪は売れば結構な金になったようだが、需要はこんなところや、切りすぎて髪が乏しくなった妓女からの需要などもあったことだろう。日本の場合で見ると、西鶴の『好色一代男』巻四「形見の水櫛」に土葬した女の遺体から黒髪や爪をはぎ取って上方の色町へ売る話や、『日本永代蔵』巻四「茶の十徳も一度に皆」に土左衛門の髪を髢《かもじ》屋《や》に売る話がある。やや時代が下るが、山東京伝『善知安方忠義伝』前編巻之三上冊荒野牧第十条にも、棺桶の中の女の死骸から髪を切り取る場面がある。

第六章　妓女にもてる法

【三六】小非は許すべし、小願は従うべし。小非許さざれば巨患必ず起こり、小願従わざれば大事成りがたし。

〔原注〕妓女に小非があっても許してやれ。小さな願い事があったら聞き入れてやれ。小非を許してやれないと、必ず巨大な患難が起きる。微小な願い事に従ってやれないと、大事は完成しない。

〔訳者注〕『青楼韻語』の注に、「反目は小さな仲違いにより、和合は小さな思いやりにあるから、デリカシーをもつのがよい」（相忤止須一隙、相投只在一念、宜着細心）。


【三七】優秀な友達は一緒に行くと興趣を奪われがっかりする。余計な銭は持って行くときっとよくない目にあう。

〔原注〕優秀な友達は連れて行かない方がよい。余計な銭は持っていくな。優秀な友達を連れて行くと、興趣が奪われる。余計な銭をもっていくと、人に出会ったときに、使いすぎてしまう。ことわざに〝俊友は伴うなかれ、余銭は帯びるなかれ〟と言うが、本当である。

〔訳者注〕「よくない目にあう」は原文「遭差」、訳文は当て推量。

和刻本『開巻一笑』の『風月機関』釈義に、「愁奪趣――ヲモシロサヲ其人ニトラル、ナリ。餘銭ヲ帯ナト云ハ、餘ルホド銭ヲ持テユケバ、徳ハツカヌモノ、餘シテ帯テ歸ルモサモシク見ユルトナリ」。

【三八】田舎の客が美妓を買おうとしても、相手にされない。中等の客が下等の妓女を求めると、心から尽くしてくれる。

〔原注〕田舎の俗物が美麗な妓を求めて、銭を使っても情を寄せてもらえない。馮魁が蘇卿に出会ったときのように。中等の客が下等の妓女を求めると、鄭恒が崔氏に出会ったときのように、やはり女にふさわしく夫が配されるものだ。中等の客が下等の妓女を求めると、高みによじ登ろうとして、心から歓待してくれる。ことわざに〝いい酒を飲んで、安芸者と寝る〟というのは、このことだ。

〔訳者注〕馮魁は茶商人で、蘇卿（蘇小卿）を大金で手に入れたが、後に科挙に及第した双漸に取り返された。宋・金以来の戯曲に取り入れられたが、散逸した。故事が明・梅鼎祚『青泥蓮花記』巻七「蘇小卿」にある。鄭恒は崔鶯鶯を、鶯鶯の母（鄭恒のおば）の力を頼んで無理に妻に迎えようとしたが、結局、科挙に及第した張珙に取られた。『西廂記』に描かれている。

【三九】その興趣は、会わんとしていまだ会わざるの際にあり。会ってしまえばおしまいだ。その情は、嫁せんとしていまだ嫁せざるの時にあり。嫁してしまえばおしまいだ。

〔原注〕男女が始めて出会ったとき、互いに惹かれ、眉に愁いを秘め（?）、目に情を宿し、花前月下の密会を約束し、千種万種の尽きぬ思いを致す。ここに無尽の興趣がある。だが交合の後は、男の心は冷え、女の気持ちはなくなり、以前の愛情は、すっかり廃れてしまう。嫖客と妓女の二人の情が深くなって、娶る心を決め、嫁する日が近づいて、やりて婆と親方から金を要求されて、男は女を、女は男を捨てられず、両方でどうしようもなくなったとき、無限の情が起きる。だが一緒になって、遊びをやめ、色恋抜きで、夫婦の会話をし、日常の生活をするようになると、

従前の気持ちは、すっかりなくなってしまう。古今の伝奇や芝居が、多くの幕を経て、団円に至ると終わりになるようなものだ。

〔訳者注〕『青楼韻語』の注に、「会うまでは、会いたい思いがあって、深い興趣があるが、会ってしまえば、慣れっこになってしまって味もなくなる。嫁ぎたいときには期待が大きくて情を抱くが、嫁いでしまえば期待も失せる。本性・態度はこの段階でみなさらけ出されて、概してそうなれば趣もそんなものになってしまう」（未合時、有欲合想頭、趣味深長。已合則常而淡矣。要嫁時、指望者重。不得不用情、既嫁則滿望矣。本來性格態度、於此盡露、大凡到此地位、滋味只得如此）。

【四〇】朋友に託して意を伝え、ふざけ合っていちゃつけ。

〔原注〕嫖客は妓女の前では、機嫌を取り信頼を得、全て知己の友人に託して意中を伝えて心を誘い、ふざけ合って趣を得、笑わせていちゃつくというのが、本当の芸者遊びのやりかたである。座ること死体のごとく、立つこと祭祀のごとくでは、だれかが「先生の教室ではあるまいし」と言ったようなものだ。

〔訳者注〕『青楼韻語』の注に、「朋友とは幫間（太鼓持）のことで、心を伝えるには、この者たちでなければ出来ない。漸訕《ぜんせん》は詼笑（ふざけ合う）のことである。女といちゃつくにはこの手でないと熱くならない」（朋友篾片也。寄意非此等不能。漸訕詼笑也。調情非此道不熱）。

【四一】孤老（嫖客）と表子（妓女）の間にも密会がある。才子と佳人の間に密約があるのは当然だ。

〔原注〕孤老は、世間では老公といい、孤寡の老公（孤独な老人）のことである。表子は外衣（外側に着る衣服）のこ

とで、家の外の妻のようなもの。妓女の中には淫欲が強く、仮母（やりて婆）に隠れて孤老と密会して、取入るものがいる。これを言いふらして軽蔑する人がいるが、孤老と表子の間にも密会があり、才子佳人と同様である。

〔訳者注〕『青楼韻語』の注に、「密約はいつでもあるもので、才子佳人だけではない」（密約時時有之。但未必才子佳人耳）。

〔補注〕清・鄒枢の『十美詞紀』（『香艶叢書』一集巻二）の「羅節」に、

羅節は金閶（蘇州）の女優で、女役だった。容色は柔和で絶世の美人だった。やりて婆が、そろそろ年頃なのを見て、金持を捜して水揚げをさせようとしたところ、

「わたしは名優ですから、これから稼いで、お母さんに沢山儲けさせて上げます。わたしの生涯のことについては、口出ししないで下さいな」

と言って拒否した。

ある日のこと、わたしの家で芝居を上演した。羅節があんず色（?・原文は「杏色」）の上着を衣桁に掛けたときに、帯に小さな紫の香袋を下げているのが目に付いた。その中には琥珀の下げ飾りと、白い絹のハンカチ半面に小さな字が書かれていたが、なにが書かれているのかわからなかった。節は慌ててわたしから取返した。

その後一年余りして、急に節がいなくなった。やりて婆がいくら探しても見つからず、思い詰めて病気になった。その半年後に、やりて婆もまた急にいなくなった。それで初めて絹のハンカチに書かれていたのが密約だったのだと気付いた。琥珀の下げ飾りは贈物だったのだ。節がいなくなったのは、約束を実行したもので、やりて婆もその後を追って、迎えられたものだった。節もやはり異色の俳優だった。

【四二】小信も失うなかれ、私語も聴くべし。

〔原注〕些細な信用も失うな、陰口もよく聴くべし。

〔訳者注〕『青楼韻語』の注に、「嫖客は信用を得て重んじられよ。陰口を耳にしたら子細に真偽を考察すべし。離合の重大なポイントだ」（子弟家專以信實見重。及聞私語、更宜細心體察、或眞或假。或合或離之大關節也）。

第七章　妓女の思惑を知れ

【四三】若い妓女は、なつけやすいが逃げやすい。年増の妓女は、なつけにくいが冷めにくい。

〔原注〕年若い妓女は世事に疎いので、なつけようとすれば、なつけやすいが、少しの行き違いで、失敗しやすい。年増の妓女は、世故にたけているので、近づけようとすれば、老獪だが、情が深まると、なかなか冷めない。少妓を買うと、こちらが面倒みてやることになるが、老妓を買うと、向こうから世話してくれる。だから少妓をなつけ老妓……（原文一字不鮮明）では、やり方が別である。

〔訳者注〕『青楼韻語』の注に、「若いのは経験が少ないから、なつけやすいが、半老の佳人の方が共にするにはよい」（少不更事、故易馴、不若半老佳人可共也）。

【四四】顔をしかめて家計が苦しいと告げたら、援助を求めていると知れ。眉をひそめて借金が多いと訴えたら、返済の肩代わりを欲していると知れ。

〔原注〕妓女の家で、眉をひそめ顔をしかめて、家事の困難を告げたら、援助を求めていると知れ。借金が甚だ多いと訴えたら、返済の肩代わりを欲していると知れ。

〔訳者注〕『青楼韻語』の注に、「応じられるなら求められる前に応じよ。応じてもまた求められるなら、とても同情できない」（可應則不待索而應。應而復索、實難爲情矣）。

【四五】意図的な追従を、誠意があると思い込むなかれ。無意識の言葉を、誠意がないと見なすなかれ。

〔原注〕媚びへつらった追従と心がこもっていない接待を、誠意があると思い込むな。言ってることに愛想がなくて、言葉遣いに間違いがあっても、誠意がないと見なすな。

〔訳者注〕和刻本『開巻一笑』の『風月機関』釈義に、「認有意―妓家ノ常ナレバ、氣ヲコロシ追陪シテ心ニアラヌ欵待ヲ、我ニ意アリト思フコトナカレ。又意思怠惰ニシ言語タガヒ有トモ、全心無心トモ定メガタシトナリ」。『青楼韻語』の注に、「言葉や顔つきも大事だが、その背後もそれ以上によく考えないといけない」（言貌之中、不可忽。言貌之外、更不可不思）。


【四六】軽薄な嫖客はつまずきやすく、荘重な妓女は情を惹きつけにくい。

〔原注〕軽薄な嫖客はよく動き回るが、やることに実がなくて、つまずきやすい。荘重な妓女は寡黙で、行動は安静、その情を惹き付けるのはとりわけ困難である。

〔訳者注〕和刻本『開巻一笑』の『風月機関』釈義に、「虛囂――虛囂ノ子弟ハ趺キヤスク、尊重ノ妓者ハ沈默安静ニシテ、其情ナツケガタシ」。


【四七】「あなたを愛しているわ」は金儲けの計略、「お母さんがひどいのよ」は金を搾り取る方法。

〔原注〕妓女が、情があると自慢するのは、情があるのではなくて、金儲けの索略である。芸者が、やりて婆がひどいと訴えるのは、ひどいのではなくて、金を求める方策である。

〔訳者注〕『嫖賭機関』上巻「姉妹二十四婪法」その十二に、「お会いしてから、寝食不調。終日昏々、酔ったよう。やせ衰えて、はや恋患い。どなたのためか、この片思い。〔注〕この病がほんとにおれのせいか」（妾従識君、寝食不寧。如癡如酔、終日昏昏。懨懨痩損、早是傷神。這場鬼病、爲着何人。〔注〕這病兒豈眞爲我）、その十三に、「あなたのために、仕事をしくじり、母さん見破り、毎日怒る。一人に惚れて、商売誤る。もうけ少なく、老後どうする。〔注〕母さんのせいにして、お前がもうける」（妾替君好、幹事顚倒。媽媽識破、連日着惱。怪我濫你、生意誤了。増益不多、將何養老。〔注〕倚媽媽生發你錢）。『青楼韻語』の注に、「一人が悪玉、一人が善玉になってこそ、金儲けできるのが、商売の方法というものだ」（一個做甚、一個做好、纔賺得銀子、大是買賣方法）。

〔補注〕明・徐霖『繡襦記』伝奇（『六十種曲』）第十三齣に、李大媽（李家のやりて婆）の姉の賈二媽が、妓女の李亜仙に、金の搾り取りかた「揺椿做鬼」を教える場面がある。

〔賈二媽せりふ〕　客とおまえが仲良くなったときに、おかあさんが金を取れと言っても、客にはっきりそう言ってはだめよ。ただ一緒に寝てるときを選んで、泣きながら言うのよ、「うちのかあさんが、ここでは商売にならないから移転しようと言ってるの。でも、あたしゃあんたがここにいるから捨てられないし」。客はおまえがそんなに愛してくれるのを見たら、きっと沢山お金を出してくれるよ。これが揺椿做鬼の手だよ。

【四八】意中の思いを流し目の中に秘めたままだったのが、離別のときには真情を表してくれる。

〔原注〕宴席では流し目もせず、秘めた思いを表すこともせず、車は東へ馬は西に、離別のときでなければ、真情を見せることもしない。――この箇所はよくは分からない。訳文は無理をしている（訳者）。

〔訳者注〕『青楼韻語』の注に、「妓女が眉目を動かしただけでも、痴人は流し目だと思い込む。ほんとの流し目で、別れの席で再会を約束するときなら、もっと情を動かされるだろう」（彼自弄其眉目、癡人認作顧盼。況眞顧盼也、而離處期合、更易動情）。

【四九】牛と呼ばれたら馬と応えよ。とりわけ「手長」と「脚短」が重要だ。

〔原注〕おおむね嫖客たるものは、固い応対をしてはいけない。牛と呼ばれたら馬と応えよ。なにごとも俗習に従うのがよい。遊郭に行ったら節度を守れ。金遣いはやや多めに。これを「手長」という。世間話は少なく。これを「脚短」という。これが長続きのこつだ。

〔訳者注〕この条も難解。首句の原文「応馬呼牛」は、ほとんどの『日用類書』所収の『風月機関』でもこのように作っているが、「応馬呼牛」では文意や原注からすると読みにくい。原注の『呼之以牛、応之以馬』に従った。なお、『荘子』「応帝王篇」に「馬と呼ぶ人もいれば、牛と呼ぶ人もいる」（一以己爲馬、一以己爲牛）、同「天道篇」に「牛と呼ばれたら牛だと思うし、馬と呼ばれたら馬だと思う」（呼我牛也、而謂之牛。呼我馬也、而謂之馬）――福永光司『荘子』（『朝日古典選』）による――とあり、自己主張せず、世俗の評価・判断に委ねる意味に用いられている。和刻本『開巻一笑』の『風月機関』釈義に、「應馬―馬ト呼ブトキハ、應ルニ牛ヲ以テス。迂濶ニ眞ヲ以テユルスベカラザルトナリ。妓家ニ走テ錢ヲ使コト節使ナスヲ手長ト云。拉閑テ數至ラズ、長ク住マラヌヲ脚短ト云ナリ」。『青楼韻語』の注に、「これほど曖昧（どっちつかず）にすることはあるまい」（難道模稜至此）。

【五〇】妓女が情を伝えたら、それに応えよ。さもないと望みが失われる。女がこちらの意に逆らったときには、その機微を察知せよ。さもないと捨てられる。

〔原注〕妓女がこちらに心を留めたら、濃密な間柄の客になっているときや、歌舞宴席で色目を使っているときに、その気持ちを察知して、密かに応答してこそ、趣を知る人といえる。そうでないとこちらの望みは失われる。こちらがいつも情を寄せているのに、むこうがいつも逆らっていて、それに気が付かないとしたら、おろかな溺愛で、やがて捨てられる。

〔訳者注〕『青楼韻語』の注に、「応える」とは心の中を理解すること、「機微を察知する」とは心で心に応答すること。それが出来なければ馬鹿者だ（接應者、惺惺惜惺惺也。知機者、有心待有心也。不然、是呆漢也）。

【五一】交際が久しくなるほど、敬意が衰えるのは自然だ。年月が長引くほど、情愛が密になるのは真情だ。

〔原注〕交際が日ごとに久しくなるほど、敬意が衰えるのは、夫婦が日常一緒にいるようなもので、それが情の自然である。もし初めて出会ったときのように、礼節を以て……（原文一字不鮮明）するようでは、偽りである。年月がだんだん長引くと、恩愛がいよいよ密になる。妓女がそうなっているのに、こちらで気づかないことがあろうか。これは人情の真である。

〔訳者注〕和刻本『開巻一笑』の『風月機関』釈義に、「交愈久——人交リ久シケレバ敬衰フ。此其ノ本意自然ニシカルベシ。恩情年ヲ重子深クナルニ随テ、情モ愈密ニナルハ、自然ニシテ僞リナラヌニ近シ」。『青楼韻語』の注に、「親しくなるとぞんざいになり、金で怠慢を払拭しようとする。真に心の底から親密なのは希だ」（事熟人玩、全靠阿堵振其怠慢。眞心密者、能有幾人）。

第八章　遊郭のタブー

【五二】金を使うにはひたすら気前よく。情を求めるには全て時間をかけよ。

〔原注〕金をつかうにはとりわけ気前よくせよ。けちだと馬鹿にされる。情を得たいなら、とりわけ時間が必要である。ちょっと来てすぐ帰るようでは、追出されてしまう。ことわざに〝一に時間、二にお金〟というが、そういう道理もあろう。

〔訳者注〕『青楼韻語』の注に、「諺に、〝一に時間、二にお金〟というが、わしに言わせれば、時間はやはり第一じゃ」（諺云、一要工夫、二要錢。予云、工夫還第一）。

〔補注〕次の第五十三条の補注を参照されたい。

【五三】潘安の美貌と孔方兄があってこそ、妓女に歓迎される。翼徳の強さと味道の優しさがあってこそ、人に誹謗されない。

〔原注〕潘安は晉の美男子、孔兄はむかし銭を孔方兄と称したことによる。蜀の張飛は字を翼徳といい、気性が激しかった。唐の蘇味道は大臣となったが、気性はとりわけ穏やかだった。およそ嫖客は、人物の上に銭があり、二者兼ね備えてこそ妓女を喜ばせる。性格が剛の上に柔を兼備えてこそ、人に誹謗されない。

〔訳者注〕和刻本『開巻一笑』の『風月機関』釈義に、「潘安——注解ニ曰、潘安ハ司馬晉の美男、孔方ハ錢ヲ號ス。

翼徳ハ蜀ノ張飛、性烈火ノ如クミジカシ。味道ハ唐ノ蘇味道。其性寛止ナリ。言ハ財ト貌ト剛ト柔ト相兼テ用レバ、我ヲ誹議スル人ナシ。我ヲ誹ル事ナクシテ、妓モ喜ブベシトナリ」。『青楼韻語』注に、「『水滸伝』に、〝潘驢鄧少閒の、どの一条件が欠けてもだめだ〟という」（水滸傳曰、潘驢鄧少閒、一字少不得）。

〔補注〕前条とこの条は、妓女にもてるための条件である。これに関連して、『嫖賭機関』上巻「女郎買いの五要と三不可」（嫖有五要三不可）には、

一要、優しいこと――甘苦を理解し、悲喜を共にせよ。どんなことでも優しく聴いて同情し、手中の玉と愛惜すれば、氷も石も熱くなる（一要溫存――知甘苦、共憂悦。凡事依從相體貼、愛惜如同掌上珍、氷石亦可化爲熱）。

二要、念作（難解。意図的な誘導の意か――筆者）ができること――厚かましくて、話が上手。常に構えて咄嗟に応じ、機会に乗じて取り入れば、女はいつか気を許す（二要會念作――臉兒涎、話兒趣。常存有心應無意、乘機瞰巧浸潤他、聽之不覺衷相契）。

三要、時間があること――朝に会い、暮れに接触せよ。多忙の中で時間を見つけて来て熱くなれ。懇ろなることと久しくすれば自然に親しくなれる。三日坊主では情は得られぬ（三要有工夫――朝相見、暮相接。忙裏偸閑來溫熱、慇懃日久自然親。一暴十寒情不浹）。

四要、あちらの能力があること―ご婦人がたは、みなあれが好き。十人中に九人は……で（この句の「寧」難解）、一戦交えて満足させる。これをば軽く見るなかれ（四要有本事――婦性淫、都喜幹。十箇常有九箇寧、果然潑戰遂他心、這好休把尋常看）。（この箇所とりわけ訳文に自信がない）

五要、金遣いが奇麗であること――金が使えて、使って綺麗に。けちがひどいと笑われて、けちけちしたら必ず嫌われ、あまり派手だとだまされる（五要用錢俏――會用錢、使得俏。慳吝過多被他笑、銖銖兩兩必然嫌、十分撒漫生

圈套）。

一不可、相方を取替えること――隴《ろう》を得たなら、蜀を望むを止めよ。前の麞《のろ》を追ったなら、後の鹿を逃がしてしまう。枝を踏み損ねたら両足落ちる。更新よりは復旧がよい（一不可跳槽――既得隴、休望蜀。前赶麞、後失鹿。踏枝不着兩頭空、更新不如還復舊）。

二不可、威張りくさること――威張りくさって、ふざけすぎるな。些細なことで気まずくなって、騒ぎのたびに疎くなり、以前の恩愛尽きるが怖い（二不可訕臉――盛面皮、頻謔戲。毎緣些小傷和氣、一番嘔作一番疎、從前恩愛恐盡棄）。

三不可、言いふらすこと――手に入ったら、内緒にしておけ。女のよさを人には言うな。女の心を裏切るし、身内の者に知られてしまう（末句難解。訳文は当て推量）（三不可揚風――得到手、須掩藏。莫將美好對人揚。不但辜負叮嚀語、且露春光與酒堂）。

『水滸全伝』第二十四回と『金瓶梅詞話』第三回には、西門慶から潘金蓮の取持ちを依頼された王婆さんが、女にもてるには、

一、潘安のような美貌があること（第一要潘安的貌）
二、驢馬のように大きな陽物があること（第二要驢大行貨）
三、鄧通のような大金があること（第三要鄧通般有錢）
四、年が若く、綿で針を包んだように柔らかくて我慢強いこと（第四要青春小少、就要綿裡針一般軟款忍耐）
五、ひまな時間があること（五要閑工夫）

（『金瓶梅詞話』の記述による）

という「潘驢鄧小（少）閑」の五条件の具足が必要だとある。『清平山堂話本』（『六十家小説』）の「刎頸鴛鴦会」には、朱秉中が花柳の巷に入浸っていて「十要の術」（十要之術）に通じていたとあり、

一、金遣いが派手なこと（一要濫于撒鏝）
二、暇を惜しまないこと（二要不算工夫）
三、言葉遣いが甘いこと（三要甜言美語）
四、優しいこと（四要軟款溫柔）
五、おとぼけをすること（五要乜斜纏帳）
六、ベッドの技が巧みなこと（六要施呈〈逞〉鎗法）
七、聞こえぬふり口がきけぬふりをすること（七要粧聲〈聾〉做啞）
八、同行する友人を吟味すること（八要擇友同行）
九、衣服帽子が新しいこと（九要串杖新鮮）
十、おっとりしていること（十要一團和氣）

とある。これは「刎頸鴛鴦会」に基づいた『警世通言』巻三十八「蔣淑真刎頸鴛鴦会」にも、そのまま取り入れられている。さらに遡ると、元・武漢臣「玉壺春」雑劇（『元曲選』）第一折（幕）に、商人の甚舎が手下に遊郭遊びの心得「嫖客の十箇条」（做子弟的十箇母兒）を説く場面があるが、そこにも見られる。

一、家柄（家門）
二、容姿（生像）
三、言葉遣い（吐談）

四、衣服帽子（串杖）
五、優しさ（溫和）
六、気遣い？（省傍）
七、博識（博覽）
八、歌唱（歌唱）
九、ベッドの技（枕席）
十、従者（伴當）

とある。日本では、『吉原大全』巻五「女郎買い総論十条」の十に、

女郎買は金をつかひ習ふより、意氣地を覺ゆるが肝要なり。金はわきもの、ありさへすれば使ふに苦のなきものにて、意氣は、にはかに覺へがたし。世間にても金を活かしてつかふ殺して遣ふといふ事あり。されどまづ、むだ金を澤山つかひたるうへでなければ、佳境には入りがたし。第一男ぶりよく、心に、しゃれありて、金銀も自由になり、此の三ツをそなへたるものこそ、まことの買手といふべし。しかし又女郎かいには貧富の論なく、名ほど貴きはなし。名のとほりたる意氣人には、いづかたにても女郎は、ほれるものとしるべし。また女郎をだまし、すかすなど、さもしきわざにて眞の通人にはなき事なり。されば意氣地といふは、心さっぱりと、いやみなく、伊達寛濶にて洒落を表とし、人品向上にして實を裏とし、風流をもつてあそぶを、眞の通人といふ。

【五四】片時の楽しみで、過去の喧嘩を解くべし。一時の悪口で、平素の親好を損なってはならぬ。
〔原注〕遊郭の道は、もめ事の入口である。女郎買いの客には、いざこざに巻き込まれなかったものはいないだろう。

だがそのいざこざに束縛されたら、互いに反目するようなことになる。片時の出会いがあったなら、過去のいざこざを解かねばならない。情を惹こうとするなら、一時の悪口から反目して、平素の親好を廃してはならない。

〔訳者注〕『妙錦萬寶全書』本の注では、「預當聞訕、兩情厚久」の二句がない。これによった。和刻本『開巻一笑』の『風月機関』釈義に、「解往日之仇――讎ヲ解クベキ好ヲ廢スルナト説タルハ、蓋シ章臺ノ門ハ是非ノ藪也。子弟タルモノ其小キ忿ヲステ、大概ヲ念フベシ。一言合ザレバ悪聲ヲ出ス事、豈嫖家子ノ所爲ナランヤ」。『青楼韻語』の注に、「遊郭ではいざこざが起きやすいから、冷静に鎮めるがよい」（此中易起風波、當平情以鎮之）。

【五五】謎をかけられるのはみな佳だが、たとえ聡明な人でも、解くのに時間がかかる。復炉は好いが、たとえ頭のいい人でも、やはり損をする。

〔原注〕妓女は嫖客がしばらく来なかったり、跳槽（相方を取替える）したと聞いたりすると、必ず下男に物を届けさせて謎をかけ、情を伝える。せん甎（しき瓦・煉瓦）は厚いということ。瓦（屋根瓦）は薄いということ。二本の長短不揃いの炭は、長嘆短嘆（ため息をつく）ということ。もつれた一つかみの糸は、千思万思（心が千々に乱れる）ということ。糖餅（小麦粉で作った砂糖入りの烙餅）は、今後は甘い言葉をかけてあげるということ。蓮の実（苦味がある）は、今後心中ひとり苦しいということ。このように例が多くて、挙げ切れない。嫖客が時間をかけて解き明かしても、続々と新問が届けられる。これを復炉という。復炉の一件は困難とされ、情では前回の二倍期待され、銭では前回の二倍使わせられる。このようにしていたら、きりがない（この二句、訳文は当て推量）。このためひどい目に遭う。

〔訳者注〕「跳槽」については第六一条参照。

和刻本『開巻一笑』の『風月機関』釈義に、「寄謎――孤老子弟來ラズ、或ハ別處ニ跳槽スルアレハ、賚物ヲ遣テ謎ヲ以テ情ヲ達スルナリ。譬バ炭ノ炭ノ音ヲ假リテ、長キ短キ交ヘタル炭ヲ遣、長嘆短嘆トナゲキヲヨセ、絲ノ絲ノ音ヲ假リテ多少二ツニワケ、束子テ千思萬思ノヲモヒヲカコツ類ナリ。此邦ノ俗男女ノ思ヲ寄ルニ炭ヲ贈テ焦ガルヽ意ヲ示シ、イトシキトノ謎ニ、絲ヲ遣ルコト、田舎ニハ今モ行ルヨシ。讀ト音トハ異ヘドモ、用ル處ノ同シキ、華和符合スルコト、情人ハ感スベシ」「復爐――爐ニ復ルトハ、舊嫖セシ妓ニカヘリチナムコトナリ。爐ハ道家ノ隠語ナリ」とある。これによれば、「復爐」は旧妓とよりを戻すことだというが、これでは原注と整合しない。『嫖賭機関』上巻「機関条目一百八」の第五一には、「謎かけは決まりきった形でも、回答しないと田舎者と笑われる。誓いは嘘でも、信じてやらないと不作法者と思われる〔原注〕謎かけには隠された意味があるから、考えて説いてやるがよい。誓いは一時の誠から出ているから、信じてやらねばならない」（啞謎雖套、不回答笑我村愚。盟誓雖虚、不篤信視我孟浪。〔原注〕啞謎有暗藏之意、當思破解。盟誓出一時之誠、須要面信）。

〔補注〕「寄謎」は脚の遠のいた客を呼び戻すために、妓女が物を送り届けて、その物に謎掛けをして意中を訴えることである。『金瓶梅詞話』巻九十八回の韓愛姐が陳経済に豚足や焼きアヒルを贈ったり、『喩世明言』巻三「新橋市韓五売春情」の賽金が呉山に猪肚（豚の胃袋に餅米・蓮の身などを詰めた食物）を贈ったりする場面がある。『風月機関』でいう「寄謎」そのものではないが、後掲の『風流情書』と『増補如面談新集』の妓女と客の贈答書簡を併せ見ると、極めて近い関係にあることが知られる。

『金瓶梅詞話』第九十八回に、陳経済が周守備と龐春梅に金を出してもらって、臨清の波止場に売春宿を開くと、たまたま韓愛姐親子が都から逃げてきて転がり込んだ。愛姐は経済をたらし込み、母親の王六児も客をくわえ込んで、親子で売春に精を出すが、経済は女房にすえた葛翠屏に怪しまれて、愛姐に会いに行けなくなった。体調が悪いと言ってごまかしている経済に、しびれを切らした愛姐が豚足一本、焼きアヒル二羽、鮮魚二匹、菓子一折りなどを直筆の手紙とともに届けてきた。

卑しき韓愛姐より襟を正し拝して愛しき陳さまに申し上げます。

ご尊顔にお別れ申し上げてより以来、思慕の心いささかなりとも怠ることなく、恋々の思い忘れることがございません。先に再会のお約束をいただき、門に寄りてお待ち申し上げておりましたが、ご来臨これなく候。

昨日下男を遣わし、ご様子お伺い申し上げましたが、お会いできずに、戻ってまいり、ご病気の由承りました。ために妾ただ悲しみ、座臥に悶々とし、翼なく、御前に参ることかないません。君家に在りては、嬌妻美妻の居ませば、妾へお心の動こうはずもなく、吐き捨てられし果物の種のごとくでございます。ここに肉や茶など取りそろえ、いささかお見舞い申し上げます。なにとぞご笑納賜らんことを願い上げます。

ほかに鴛鴦を刺繍せし錦織の香袋一個、黒髪一束を添えて、少しく心の内といたしました。

仲夏廿日　卑妾愛姐再拝

『喩世明言』巻三「新橋市韓五売春情」では、宋の臨安郊外で糸屋を営む呉山の店に、臨安から来た妓女の賽金がその母と老下女と間借りをして住み込んだ。呉山の本宅は店からやや離れた新橋にあり、両親と妻子はそこに住んでいて、呉山はそこから店に通っていた。店は人に貸すに十分な広さがあった上に、手代一人がいるだけだったから、両親や妻の監視の目が届かなかった。この妓女は臨安で私娼窟を営んでいたのが摘発されて、母親と逃げて来たもので、そこがこの賽金母子に目をつけられた。母子は間もなく呉山を誘惑して、たらし込んでしまうが、隣近所に知られ、住んでいられなくなり、また臨安城内に移った。たまたまそのころ呉山は体質の夏負けがひどくて、移転した賽金とも疎遠になっていた。そんな呉山のもとに賽金が猪肚、つまり豚の胃袋詰二個に手紙を添えて届けてきた。

卑妾より再拝し謹んで呉さまに申し上げます。

ご尊顔にお別れ申し上げてより以来、思慕の心いささかなりとも怠ることなく、恋々の思い忘れることがございません。先に再会のお約束をいただき、門に寄りてお待ち申し上げておりましたが、ご来臨これなく候。

昨日下男を遣わし、ご様子お伺い申し上げましたが、お会いできなく戻って参りました。妾ここに移りてより、まこと淋しうございます。承りますれば、治療のお灸に疼痛あるよし、座臥にも心安らかなりません。ただご案じ申し上げるのみにて、代わって差し上げることかないません。謹んで豚の胃袋詰二個を差し上げ、いささかお見舞い申し上げます。なにとぞご笑納賜らんことを願い上げます。

仲夏二十一日　卑妾賽金再拝

この二人の所為は、脚が遠のいた客の心に物と手紙で訴えようとするもので、物だけで客の心に迫る謎掛け形式の寄謎とは、方法の点で異なる。だが客の心を呼び戻そうとする目的は同じで、方法が物と手紙にするか、物だけにするかの違いだけで、好く似た行為である。次の妓女の手紙の文例がそのことを物語る。李光祚の『増補如面談新集』（東北大学狩野文庫蔵）巻七の妓女の手紙と、その返信の文例を三例だけ挙げるなら、

〔例一〕　妓索炭（妓女が炭を求める）

寒さが厳しゅうございます。あなたに烏銀（炭）を無心申し上げます。あなた白銀《ママ》を惜しまないで下さいな。もしお恵み下さいましたなら、わたしの肢体を暖め、わたしの手足を温めて、あなたをぽかぽか春のようにして差し上げますわ。

返信

炭をお贈りいたします。炉で燃やしてみて下さい。辟寒香（異香の名、焚くと避寒になるといわれた――『漢語大詞典』）になりましょう。あなたが暖めてくれるのを忘れたら、わたしはすぐに心が灰（原文「灰心」＝心が灰になる、冷

えて冷たくなる）になるでしょう。

これが明の竹渓主人彙編・南陽居士評閲『風流情書』（『中国娼妓史料集 青楼韻語 風流情書』収）巻二に、

玉姫索炭書（玉姫が炭を求める書）

（文面右に同じ）

馮生復玉姫求炭書（馮生が玉姫の求炭に復する書）

炭をお贈りいたします。炉で燃やしてみて下さい。辟寒香になりましょう。あなたが暖めてくれるのを忘れたら、かれは必ずや心が灰になるでしょう。

〔評閲〕妓女が炭を求め、客が炭を与えているが、炭はいったいいつまで仲を保てるだろうか。燃え上がれば炎となるが、その次は灰になる。物理を見て人情を知るべし。

〔例二〕『増補如面談新集』

妓索糖（妓女がアメを求める）

閔の牛皮糖はとてもおいしゅうございます。垂涎すること久しゅうございます。これをあなたにおねだりします。あなたはわたしに甘い心をお持ちです。この甘いものもお断りにならないでね。

返信

牛皮糖が欲しいとのこと承りましたので、お届けいたします。あなたの舌先はパイナップルより甘いので、これをお返しに差し上げます。

『風流情書』

金と王の情愛

金陵の妓女金端（瑞の誤り。目録と本文では瑞に作る――小川）娘と王元卿がなじみになり、牛皮糖をねだる手紙を書き王が返信を出した。『青楼韻語』に見ゆ。（二人の往復書簡文はほぼ右に同じ――小川）

〔評閲〕牛皮糖は甘いというものではなく、甘いのは二人の情愛で、アメがこれを作り出したのだ。二人の手紙も甘いものだ。

〔例三〕『増補如面談新集』

妓女に豚の胃袋詰めを贈る

豚の胃袋詰めをあなたに差し上げます。あなたはわたしの心腹中の人ですので、心腹中のものを差し上げるのです。どうか煮て召し上がってください。

返信

豚の胃袋詰めを頂戴いたしました。あなたがわたしを皮肉（表面的）扱いなさっていらっしゃるのでないことが分かりました。でもお心は一体どこにあるのかしら。（この例は客から妓女に贈った形になっている――小川）

『風流情書』

呉中の王玉我と名妓馬湘蘭とが仲がよく、王が湘蘭に豚の胃袋詰めを贈り、湘蘭が受け取った。二人が手紙で意中を表している。（二人の往復書簡文はほぼ右に同じ――小川）

〔評閲〕馬の手紙は王のより上手だ。おれが王なら、次に豚の頭を贈って、どう答えるか見たいものだ。

『風流情書』には万暦戊午（四十六年・一六一八年）の序があって、明末の刊行と見られるが、『増補如面談新集』は、封面に李贽廷先生纂輯、蘇州緑陰堂とあるだけで、序跋、刊記ともになく、刊行年を知る手がかりがない。李贽廷は『積玉全書』と『増補捷用雲箋』を編纂した明末の日用類書の編纂者として知られる（酒井忠夫「明代の日用類書と庶民教育」〈林友春『近世中国教育史研究』所収〉）が、この李贄廷は名が光裕で、『増補如面談新集』の李贄廷が光祚となっているのとは異なっていて、同一人物と断定できない。そのために『増補如面談新集』の刊行時期が定められないが、書物の体裁や紙の情況から明末〜清代のもののように見られる。ここでは明末清初の刊行と仮定しておく。

『増補如面談新集』には、この種の文例が九例収められているが、そのうちの八例が『風流情書』所収のものと文章も内容も同一で、両書の共通性がみられ、背景となった同一の遊郭文化の存在を知らしめる。上掲の『金瓶梅詞話』の韓愛姐と、『喩世明言』の賽金とがそれぞれの情郎に贈った品物や書簡の共通性――書簡に至っては前半が同一文章である――と、それぞれの背景としての共通の遊郭文化の存在を、具体的に見ることができる。韓愛姐も賽金も、作品中では読み書きできる設定になっていて、書簡は自分で書いたことになっているが、南宋の臨安の日常生活を記録した呉自牧の『夢粱録』巻十九には、身を持ち崩した知識人が、妓女たちのために書簡の代筆をしており、このような連中を「閒人」称したという。識字率が高まった明清期には、「閒人」が増えたことはいうまでもなかろう。

参考：拙論「明代妓女の情書――『増補如面談新集』『情書紀要』などから――」（『集刊東洋学』第百号）

【五六】妓女が他家の亀（妓家の親方）と通じると傷となる。嫖客が友人に馴染みを盗まれるのは無能だからだ。

〈原注〉妓女は、人倫は失っているが、妓女としての行いは存している。その妓女が他家の亀と通じたら傷となる。「俊友をつれて行くな」は古来の戒めで、馴染みを盗まれるのは無能故に騙されるのだ。

〈訳者注〉『青楼韻語』に引く『風月機関』本文の双行注に、「他家の亀に通じることを鑽亀という。朋友の妓を盗むのを截馬という」（通他家之龜、曰鑽龜。盗朋友之妓、曰截馬）。その後の注では、「妓女が他家の亀と通じると、自分から品格を失うことになるが、朋友の品格は失わせてはいけない」。この条は本文・注ともによくわからない。訳文は無理をしている。『開巻一笑集』本には、この条の本文・双行注も収められていない。

【五七】薄情な猱旦（妓女）を買っても、好意的な亀婆（やりて婆）は買うな。

〔原注〕猱旦を買えば、薄情者でも、体裁はまだいい。亀婆を買えば、心を寄せてくれても、不名誉である。

〔訳者注〕和刻本『開巻一笑』の『風月機関』釈義に、「猱旦―婊子ノ飛號ナリ。龜婆ハ鴇母ヲ號。此ニ説ハ、猱旦ニ結ハ、縦ヲモシロカラヌ女ニモセヨ其名還美。龜婆ヲ嫖ハ任ヲモムキアリトモ、佳キ名ニアラズトノ示シナリ」。原注では不名誉だから亀婆を買うなというのだが、『嫖賭機関』上巻「子弟有三不嫖」の「一不嫖龜婆」では、理由が異なって、「亀婆にはもともと亭主があって、人生半ばで家を出た。夫婿と情はまだ深く、客の相手は形だけ。身請けも望まず、嫁ぐ気もない。客を手厚くもてなすは、ひたすら高い銭のため。裏にだましの手が多く、ひっかけられぬよう気を付けよ。従良承知したならば、身請けの費用がばか高い（最後の一句の訳は当て推量）」（龜婆原有主、半路纔出家。夫壻情還重、待人都是假。既不望贖身、又不圖娶嫁。厚我爲甚麼、無非求善價。就理奸詐多、須妨倒脱靴。亦有肯從良、未免費招駕）という。

【五八】歓心を買うには千日あっても足りないが、過失を探すには一時あれば余りがある。

〔原注〕好かれることは難しいとされる。人を驚かす容貌があり、金遣いが抜群で、枕席の技がすぐれ、言葉遣いが柔順で、妓女がほしがる物はすぐ与え、嫌がることはすぐ止め、穏やかで優しく、下手に出てへりくだる。このようにしたら、千日あってもまだ足りない。逆に妓女の過失を探すのは極めて容易である。長所を隠して短所を攻撃し、剔削乎言語、投孥乎失錯（この二句難解。言葉をあげつらい、過失を取り上げる意か）、是を非とし、善を悪となすのは、

一時でも余りがある。

〔訳者注〕『青楼韻語』の注に、「歓心を買う時に、さんざん苦心したのに、一時で捨ててしまうのは、嘆かわしいことだ」（討好時、費盡苦心、一朝棄之、可嘆可嘆）。


【五九】利口な客は興趣だけ手に入れるが、愚かな客は決まっていさかいを引起こす。

〔原注〕利口な人は興趣だけ手に入れようとし、愚かな客はしばしばいさかいを引起こす。

〔訳者注〕『青楼韻語』の注に、「いさかいは興趣を手に入れようとして起きるもので、みなむきになりすぎるからだ」（争鋒従奪趣而生、皆認眞之太過）。


【六〇】お世辞が続いたら、（金品を）求めていると知れ。悪口が続いたら、追い出そうとしているのだ。

〔原注〕阿諛の言が重ね重ね届いたら、（金品を）要求していると知れ。譏訕《きせん》の語（悪口）が頻々と寄せられたら、いびり出そうとしていると知れ。

〔訳者注〕『青楼韻語』の注に、「銭がほしくて阿諛するのだから、銭がなくなれば悪口を言う。離合はここに由来する」（要銭而諛、無銭而訕。離合係於此）。


【六一】跳槽（相方を取替える）と真情は求め難く、梳籠（水揚げ）をするのは虚名を慕うもの。

〔原注〕浮気な客が、跳槽に慣れてしまうと、真情を求めても、得られない。強引な客が、梳籠をしたがっても、知り合って日が浅ければ、虚名を求めるに過ぎない。

〔訳者注〕清・捧花生『画舫余譚』に、「妓家では以前、嫖客がよそへ移るのを跳槽と言ったが、由来が分からない。元人の伝奇に基づくか。魏の明帝が跳槽の語を最初に使用したと言う」とある。本書【八二】にも「跳槽」のことがある。『嫖賭機関』上巻「嫖有五要三不可」の「一不可跳槽」に、「隴を得たら、蜀を望むを止めよ。前の轚《のろ》を追ったら、後ろの鹿を逃がしてしまう。枝を踏み損ねたら両足落ちる。更新よりは復旧がよい」（原文は【五三】の〔補注〕に掲載）、明～清・余懐『板橋雑記』上巻に、「始めて男に接するのを梳籠といい、一人前になったのを上頭といい、衣裳はみな客が用意してやる」いう。また斎藤茂『妓女と中国文人』（東方選書）第二章「妓女の技芸と日常」二「妓女の日常」に、唐・孫棨『北里誌』の張住住の条を引いて、唐以来、水揚げには鶏のとさかの血を利用して〔処女だと見せかけ〕、客をだますことが行われてきたという。

〔補注〕中華民国・竹渓主人編『風流情書合集』（『中国娼妓史料　青楼韻語 風流情書』収）巻二「劉閔情好」に、杭州の妓女の閔楚雲と劉時彦とは仲がよかったが、劉が跳槽したので、閔が嫉妬して、互いに書簡でふざけあった。

〔楚雲が劉郎に与えた書〕　わたしとあなたは深い仲でした。わたしには日に向かうひまわりの心はありましたが、風のまにまに定めなくと飛ぶ柳絮の心はありませんでした。それなのに、あなたはわたしを捨てて翠妹（妹分の妓女・翠）を好きになりました。あなたが翠妹に惚れたのか、翠妹があなたに惚れたのか。あなたは一昨日翠妹と二人、わたしは独りぼっち。昨日あなたは翠妹と一緒、わたしはまたも独りぼっち。翠妹には夜が短く、わたしには長かった。ひどいわ、ひどいわ、ひどいわ。わたしの髪を剪りお香で肌を焼いたの覚えておいでにならないの。わたしが肌をお香で焼いて火傷の痕をつけ、玉の肌が焼けただれ、髪を剪取り黒髪が少なくなっても平気なの。初心を変えたいとおっしゃるなら、いたしかたなくってよ 。それならお香で焼いた肌を元に戻して頂戴な、剪った髪の毛を元に戻して頂戴な。そしたら許してあげますわ。そうでなければ、あなたの肩に噛みついて、わたしの傷を償わせ、あなたの鬢の毛を摘み取って、わたしの髪を償わせるわ。さもなくば、わたし死んでやります。あの世の訴状を用意して、あなたを正犯、翠妹を従犯といたします。地獄の入口で、大騒ぎをしてあげるわ。よくよくお覚悟のほどを。

〔劉生が楚雲に返した書〕　そなたと仲よくしながら、翠妹とも仲よくしたのは、いわば色々な肉が食べたかったからです。別の肉を味わうのは、悪いことではないでしょう。そなたは訳もなくご立腹で、お香で焼いただの、髪の毛を剪っただの、死んでやるだのとはどういうことなの。その上更に、お香の焼け痕を元の肌に戻せと言うけれど、ナイフでえぐり取れるなら、私の肌を植えましょう。髪の毛を生やせと言うけれど、針で植込み可能なら、わたしが植込んであげましょう。そなたが死ぬと言うならば、わたしが命を償いましょう。わたしを正犯にしたいなら、どうぞご随意に。ただ従犯の件だけは承認できません。いとしいお方へ、熱い思いをお届けいたします。まだ逗留いたします。寡醋（希薄な嫉妬）はおやめ下さいな。

梳櫳は梳籠・梳弄にも作る。『警世通言』巻二十四の冒頭に、明の正徳年間の礼部尚書だった王瓊の三男・王景隆が、北京で妓楼一秤金の妓女の玉堂春を梳櫳（水揚げ）する場面がある。そのとき景隆は銀二百両と四疋の絹織物と二十両の小粒の銀をやりて婆に提供している。

……やりて婆は沢山の物を見ると、下女にテーブルを運ばせた。王定（景隆の下僕）が銀子や絹織物を置くと、やりて婆は形ばかり遠慮したが、玉ねえさんを呼んで、

「おぼっちゃまに、お礼をおっしゃい」

「今日まではおぼっちゃまですけど、明日からは王お婿さんね」

と言い、下女に礼物を奥へ運ばせた。

「娘の部屋に一献用意してございますから、ごゆっくりお飲みください」

景隆は玉ねえさんと手に手をとって部屋に入ると、屏風が巡らされ、小卓にご馳走が用意されていた。景隆が上座に座ると、やりて婆が自ら楽器を弾いたり、玉堂春が歌い酌をしたりした。景隆は心身ともにすっかりとろけてしまった。王定は、日が暮れても景隆が帰ろうとしないので、なんども催促した。下女たちはやりて婆に指示されていたので、取次ぐことはしなかった。自分から入って行くこともできず、夕方まで待つと妓女の翠紅が泊まらせようとしたが、断って一人で宿に戻った。景隆は二更まで飲んでお開きにした。玉堂春は心を込めて世話をし、ベッドに入ると衣服を脱いで横になった。二人は心から愛し合い、夜を徹して情を交わしたことは、これまでといたします。

一夜が明けると、やりて婆が台所に命じて酒とスープを用意させ、自分は玉堂春の寝室に入り、処女だった証拠の品を求めると、

「王さま、おめでとうございます」

下女や下男もみなやって来て頭を下げた。景隆は使用人の王定に言いつけて、祝儀を一両ずつ与えさせた。妓女の翠香と翠紅には祝儀の衣服一式と簪代三両を与えた。王定は朝には景隆を連れ戻すつもりだったのに、金をばらまいているのを見て、不満げな様子をした。景隆は心中、こいつに金を握られていたのでは面白くない。いっそトランクごと郭に運び込んだ方が好都合だと考えた。やりて婆はトランクが運び込まれたのを見ると、ますますご機嫌とりに勤めた。朝も夜も大ご馳走で、あっという間に一か月余り過ぎた。

『醒世恒言』巻三「売油郎独占花魁」には、

……従来水揚げした客が翌朝起きると、やりて婆が部屋に来てお祝いを述べたり、妓楼の同業者がそろってお祝

いに来たり、何日もお祝いの酒を飲んだりした。客は長ければ一〜二か月、最低でも半月か二十日は泊まりこむのだった。

『警世通言』巻三十一「趙春児重旺曹家莊」には、

もともと妓楼の決まりでは、妓女の最初の客を「梳櫳孤老」（水揚げの客）と呼んで、この客が妓女の身価（身代金）をやりて婆に払ってやれば、妓女はやりて婆の拘束を受けずに、自由に客を取ることができるようになり、その身価を払った客を「贖身孤老」（身請けの客）と呼んだ。この客が泊まりたいときには、他の客は辞退させられ、何日泊まっても無料だったし、後日引かせて家に入れようとも、結納金はいらなかった。

【六二】権勢で威圧するな、情で親しくせよ。

〔原注〕遊郭では権勢で威圧してはいけない。花柳界では情で親しくすることが何よりも重要である。権勢で威圧したら、権勢がなくなれば終りである。情で親しんだら、情が深まればいよいよ親密になる。

〔訳者注〕『青楼韻語』の注に、「上辺だけのつきあいや、権勢・利欲も必要だが、情を通じ合うためのものではない」（泛泛走動、勢利全不可少、非所以論情處）。

第九章　本心を読みとれ

【六三】しばしば酒が催促されても出てこないのは、部屋の長居を嫌っているから。重ね重ね茶がせかされるのは、早く座敷から帰ってもらいたいから。

〔原注〕妓家で酒を飲むときに、料理がたけなわになっても、酒がとぎれ、妓女が酒を催促してもしばらく出てこないのは、客の長居を嫌っているからである。妓家へ暇で出かけたときに、主と客とが着席し、時候の挨拶が済んで、しばしの間、茶を呼んで客に出し、それが終わらない内にまた茶が呼ばれる。これは客に早く帰れということである。昔、〝茶をたてて客を追う〟と言ったのは、このことであろう。

〔訳者注〕『嫖賭機関』上巻「機関条目一百八」第六に、「酒杯が下げられないうちに、茶の取り替えが催促されるのは、明らかに発客の煙。酒があるのにまた追加が催促されるのは、誠に催客の檄。〔注〕忙しく茶を催促するのは、退席を求めているもので、発客という。頻りに酒を催促するのは、速く帰るのを求めているもので、催客という」（鍾未徹又叫換茶、明爲發客之烟。瓶未罄又喚添酒、信是催客之檄。〔注〕呼茶急、要我起身、謂之發客。喚酒頻、欲我速行、謂之催客）。『青楼韻語』の注に、「孔融が〝席上客が常に満ち、樽の酒が空にならなければ、憂いはない〟と言ったが、この場面（催促しても酒が出て来ないこと――小川）とは大違いだ」（孔北海所謂座上客常滿、樽中酒不空、安得移來此地）。後漢の孔融は人望があって、閑職にあっても、常に酒を備えて、多くの賓客をもてなした。『後漢書』巻七十鄭孔荀列伝に見える。

【六四】口で伝えるのも心がないわけでないが、目で情を伝えてこそ心がある。

〔原注〕ふだん人前で、口で言うのも、気が無いわけでない。だが衆人の中で、眉目で一人に向かって情・意を伝えてこそ、真に心があるというものだ。

〔訳者注〕口で「好きよ」も気があるが、両目の情こそ本物だ、ほどの意か。『青楼韻語』の注に、「これは常套手段だが、乱発もよくない」（此套慣用、然亦不濫）。


【六五】詩を題して意を寄せ、曲を歌って情を伸べよ。

〔原注〕崔氏は西廂の句で、韓姫は紅葉の詩で、互いに応酬して良縁を成した。いい歌で味わって性を養い、詩曲で情を伸べよ。君子がこれによって声を発すると、知音のもの（真の友、心の理解者）が必ず傾聴する。

〔訳者注〕唐の崔鶯鶯は西廂（西の建物）での出会いの詩を張君瑞に贈ったことから結ばれ（「鶯鶯伝」、『西廂記』）、唐の韓氏は詩を題した紅葉を水に流して于祐に拾われ、于祐が和した詩を題した紅葉が韓氏に拾われ結ばれた（宋・劉斧『青鎖高議』前集巻五「流紅記」、中国話本大系『繍谷春容』巻四「韓夫人写情禁溝」、中国話本大系『繍谷春容』所収『国色天香』雑録巻二「紅葉伝情」）。


【六六】三年で一つ年とり、半年で二回誕生日が来る。

〔原注〕彩雲は散り易く、美妓は老いやすい。夭夭たる容姿も、わずかに十年のみ。「おいくつ」と問われて、「十八」。二年後にまた問われて、やはり「十八」。三年たっても、やっぱり一つ年とるだけ。だが、やりて婆の誕生日には、

嫖客は必ず衣服を買い整え、簪を購入してやってお祝いをする。やりて婆は銭が好きで、貪欲は飽くことなく、半年たたないうちに、二回誕生いをする。おかしなことだ。

〔訳者注〕『嫖賭機関』上巻「孤表九問十八答」の「三、問青春幾何」に、「嫖客が妓女に〝お年は幾つ〟と尋ねたら、〝やっと十六よ〟。その時ちょうど十五歳。その七年後に、〝わたし二十よ。明日が誕生日なの。あなたにだけ教えるわ。だれも知らないの〟……」（子弟問妓者尊庚多少。答曰、纔交十六。年方十五。既經有柒、答曰妾在二旬。翌乃賤旦。只對兄說。人皆不知。……）、同上巻「乖姉妹常有八脱」の「五、生辰脱法」に、「客が愚かだと見ると、うそをついて、〝お母さんの誕生日なの、みんなでお祝いいたします。私は何がいいかしら。あなたとのお付き合いは浅いけど（?）、お力添えをお願いします。スカーフ買ってくださいな。夫婦指輪も欲しいのよ。物ではなくてお金でもいい、お金の額はお任せします。あなたのお顔がこれで立ち、私の気持ちも表せます〟。この話は誰でも知っていること。誕生日といえば毎月あるものだと知れ」（知你惛迷、假說媽媽生日、衆姉妹各具賀禮、我將何以爲題。交遊未必相體、伏乞維持。替我買聯首帕、替我打對蓋指。兄禮折乾、厚薄隨你。一則足下風光、二則賤妾微意。思知、這話兒箇箇都知。思知、論生辰月月有的）。『青楼韻語』の注に、「年齢を隠すのはやむを得ないが、誕生日を偽るのは滑稽だ」（匿齒不得已也。假生日、殊可笑）。

〔補注〕明の李開先『詞謔』（『中国古典戯曲論著集成』第三冊所収）一「詞謔」の「妓女が誕生祝いをしばしば行い年齢を偽ることを笑う」（戯妓多賀生辰及昧年）に、

献県（河北省献県）のある退職官僚が一妓女と親密だったが、たまたまその誕生日のお祝いを忘れたところ、ひどく怒って会ってくれなくなった。妓女が窓から、

「よそでは誕生日を二回するのよ、三四回というのまであるわ。〝反王魁負桂英詞〟に〝半年ごとに常に二度の誕生日に逢う〟とあるのに、うちではたった一年に一度でも、お忘れになるの」

と言ったので、元官僚はハンカチと「落梅風」の詞を贈った。その詞に「そなたの誕生日、わしは知らなんだ。知っていたならちゃんと準備をしたものを。とりあえず絹のハンカチ贈ります、糸一本ごとに歳一歳に願います（願一絲只添一歲）」とあったが、だれかが末句を「年ごとに一歳だけに願います」（願一年只添一歲）に改めた。

娼妓の家では誕生祝いを増やすほかに、歳をごまかすことがしばしばで、二十余歳なのに、十八九と言ったりする。「そなたの顔を見ると、そんな歳ではすまないようだが、残りの歳はどこへやったのか」と尋ねた者がいたが、妓女は笑いながら、「道人（修行者）に貸してあげたわ」。道人は六七十歳でも八九十歳と偽ったり、百歳という者までいて、自分の修養術を誇ろうとする。

明の馮惟敏の散曲〔北雙調仙子歩蟾宮〕「十劣」（『全明散曲』第二冊）に収める「誕生日を祝う」（賀生）に、やりて婆が神様にお参りし、嫖客が誕生プレゼントを並べると、恥ずかしそうに沐浴し新しい誕生日を迎える。誕生日は稠密なのに年齢は若い。袁天罡先生（唐の相法の名人袁天綱をもじったか）が詳しく計算したら、一年に三回誕生日があり、三年を一歳と数えるから、一年ごとに九回誕生日。一年ごとに九回の誕生日に、名香焚いて、宴席設け、神明に感謝し、恭しく祖先を迎え、厚く親戚をもてなす。乾杯ごとに簪二本、一礼ごとに絹の衣服を一式贈る。今日の良き日は、来年に延ばすな。わしとて生まれた日があるのだが、いつの日おまえが返礼の席を設けてくれるのか（虔婆禱告拜神祇、子弟安排賀壽儀、嬌羞沐浴迎新歲。生辰密年紀希。袁天罡算了箇端的、有一年三番壽日、把三年呼作一歲、毎一歲九度生時。　毎一歲九度生時、辨炷名香、擺列筵席、敬謝神明。虔邀宗祖、敦請親戚。遞一杯添兩件首飾、行一禮奉一套羅衣。今日佳期。來歲休移。俺也有本命元辰、單看你那日回席）。

明の鄭若庸『玉玦記』伝奇第十齣「祝寿」に、

〔李翠翠（やりて婆）うた〕　幼い燕が初めて飛び回り、花が散ってもまだ鶯鳴いて、
〔李娟奴（李翠翠の実の娘、妓女）うた〕　蕙（香り草）葉風に翻り、槐の陰が地を巡る。
〔合唱〕　カーテン引かれて昼間は長く、人の動きも静かなり。
〔李翠翠うた〕　真昼間の霜、風前の雪、雨後の雲に似て、
〔李娟奴うた〕　飛ぶ花びらより薄っぺら、柳の綿より定めなく、無情なること甚だし。
〔李翠翠うた〕　西湖の南街の東で、気ままにいつも春送る。（この二句難解、訳当て推量）
〔李娟奴うた〕　東風は薄情、遊子は不実、佳人は薄命。お母さまこんにちは。
〔李翠翠せりふ〕　娘や、王さんはこのごろどう。
〔李娟奴せりふ〕　昨日十両くれたわ。それに二十組の衣服を注文したわ。わたしに香で焼いてくれって言い張るのよ。
〔李翠翠せりふ〕　おまえ、この香で焼くのと入れ墨は苦肉の計なのよ。早すぎるよ。この人は千両ぐらいしか持ってなかったから、間もなくなくなってしまう。だまして追い出してしまいな。先日、解さんがまた言うには、この街の昝《さん》旦那がおまえを欲しいそうよ。とりあえず十両届けてきたから、大金持ちのようだよ。王さんに焼いてやっても、大した金になりそうもないよ。
〔李娟奴せりふ〕　いまどうやって断ったらいいの。
〔李翠翠せりふ〕　「お帰りになるときに焼いてあげるわ」と言っておいて、いい方法で帰らせてしまうのよ。
〔李娟奴せりふ〕　なんて言うの。
〔李翠翠せりふ〕　わたしの誕生祝いをしてくれって言うの。

〔李娟奴せりふ〕　本気にしないかもしれないわ。
〔李翠翠せりふ〕　おまえたち二人に、四姐さんに言わせるのよ、「淮河のほとりの張さんが百両届けてきて、かあさんに誕生祝いをしてやりたいから、娟奴姐さんに客を取るなって言ってるよ」って言い、王にやらせようとするのさ。おまえが「王さんが金を出して先に今日やりましょうよ」って言えば、あいつは金がないから、追い出すのに都合がいいよ。
〔李娟奴せりふ〕　いい手だわ。
〔李翠翠せりふ〕　四姐さんどこ。
〔四姐うた〕　妓女の世界と女郎の根性。どいつもこいつも好いてはくれぬ。十人会えば九人が憎み、美女のわたしを辱める。〔せりふ〕おかあさま、おねえさま、何のご用でしょうか。
〔李翠翠せりふ〕　王さんに誕生祝いをしてもらいたいの。
〔四姐せりふ〕　わたしが来てからまだ一月なのに、おかあさまの誕生祝いは三回になるわ。どうしてまたなさいますの。
〔李翠翠せりふ〕　こいつ、女郎屋から来たくせに、うちらのやりかた知らないの。言われたとおりにしなさい。
〔四姐おどけるしぐさ、李翠翠・李娟奴せりふ〕　はかりごとさえうまければ、どんな望みもかなうもの。
〔李翠翠・李娟奴退場、四姐せりふ〕　王さま。おいでになって遊びましょ。
〔王商うた〕　夢攬郷魂常不定、紅閣外小婦調箏。（この二句難解）二日酔いから醒めた目が、残んの花に驚かさる。まことにわれは病気がち。〔せりふ〕娟奴や。そこで何をしてるの。
〔李娟奴せりふ〕　遊んでるのよ。

〔王商せりふ〕　お香で焼いてもらいたい。今日焼いておくれ。
〔李娟奴せりふ〕　あわてないで。お帰りの日まで待ちましょう。
〔四姐せりふ〕　知らぬが仏（？）、お二人さんはご機嫌だけど、一大事ですわ。淮河のほとりの張さんが百両届けてきて、かあさんに誕生祝いをしてやりたいから、娟奴姐さんに客を取らせるなって言ってるよ。
〔李娟奴せりふ〕　そんなことないでしょう。
〔四姐せりふ〕　その人いま前に居るよ。
〔李娟奴せりふ〕　四姐さん。断ったらおかあさんが怒るし、断らなかったら王さんがここに居るし、どうしたらいいの。
〔四姐せりふ〕　王さまにしていただいて、あちらは断ったらいいわ。
〔王商せりふ〕　いいよ。二百両あげるから、今日すぐしよう。
〔李娟奴せりふ〕　それなら、とてもいいわ。四姐さん、お酒用意して、おかあさんを呼んで来て。
〔李翠翠うた〕　簾の外で突然呼ぶ声、あわてて出て来て。〔せりふ〕お婿さま、姐さんや。何のご用。
〔王商が銀子を取り出して渡すしぐさ〕　お誕生日だそうで、ほんのお祝いの印ばかり。
〔李翠翠せりふ〕　恐れ入ります。

清の遊戯主人編『笑林広記』（『中国歴代笑話集成』第四冊所収）巻七世諱部の笑話「年ごとに減る」（年倒縮）に、ある商人が妓女を買って年を聞いたら、

「十八」

数年後に、その商人が商売に失敗して戻る途中、またその女を買った。女はその商人を覚えていなかった。商人

が年を聞くと、

「十七」

その数年後に、またその女を買って年を聞くと、

「十六」

それを聞いた商人が泣き出したので、女が訳を聞たら、

「おまえの年はおれの元手と同じで、だんだん少なくなった。それを考えたら悲しくなった」

妓女の年齢の鯖読みは、西鶴『世間胸算用』（小学館『日本古典文学全集』『井原西鶴集』三）巻二「訛言も只はきかぬ宿」にも、
女郎は勤めとて、心を春のごとくにして、をかしうないを笑ひがほして、「ひとつ〳〵行く年のかなしや。この前は正月のくるを、はねつく事にうれしかりしに、はや十九になりける。追付け脇ふたぎて、嶋といはるべし。ふり袖の名残も、ことしばかり」といふ。この客わるい事には覚えつよく、「汝この前花屋に居し時は、丸袖にてつとめ、京で十九というた事、大方二十年にあまる。せんさくすれば、三十九のふりそで、うき世に何か名残あるべし。小作りにうまれ付きたる徳」と、あたまおさへてむかしをかたれば、この女「ゆるして給へ」と手を合はせ、気のつまる年ぜんさくやめて、うちとけて夢むすぶうちに、この女の母親らしきものの来て、ひそかによび出し、ひとつふたつ物いひしが、「何の事はない、これが顔の見おさめ、十四五匁の事に身を投げる」といふ。


【六七】香茶を贈るのは、情のなさしめるところ。果物の種を投げかけるのは、気を惹かんとする心があればこそ。

〔原注〕衆客の中で、一人にだけ香茶を贈るのは、情がその人を求めているからだ。酒席で果物のさねを投げかけるのは、ふざけているようだが、実際は気を惹こうとしているからなのだ。

〔訳者注〕和刻本『開巻一笑』の『風月機関』釈義に、「贈香茶――衆客相對スル席ニテモ、香茶餅ヲ贈ルハ情アリト知ルヘシ。菓ヲ人ニ投ルハ外ハ取訕ニ似テ内ハ調ナリ。此ノ二ツハ閨門ノ婦人モ亦尙此事アリ。蓋シ情ノ使トコロトナリ」。『嫖賭機関』上巻「機関条目一百八」一四に、「席間に果物のさねを贈るのは、意を寓していると思え。座中で秋波を送るのは、情を伝えようとしていると知れ。〔注〕物に意を寓しているのに、理解しないと心機を浪費させる。目で情を伝えようとしているのに、気付かないと好意に背く」（席間贈果核、當思寓意。坐中送色笑、須知傳情。〔注〕因物寓意、你不解、空費心機。眼角傳情、你不覺、辜負美意）。「娼妓述」にも見える。『青楼韻語』注には、「贈香投果は、大妓楼では行われなくなって久しいが、わが杭州では、沙宝ではまだ行われている」（贈香投果、大方家不作久矣。吾杭惟沙寶尙行之）という。沙宝は未詳。

〔補注〕姚霊犀『瓶外卮言』の金瓶小札の「香茶」（二項目あるうちの最初の項目）に、「古人が噛んだ香料に、鶏舌香と蘇合香とがあったが、高価だったので、後に薬・香料・茶葉で合成したものが現れた。とくに女性が口内をすっきりさせるのに使った。宋代の龍団・鳳餅のような高級な団茶の遺製といわれる。チュウインガムが現れるまでは、檳榔・豆蔻（ずく）を含むものが見られた。伝統的な香茶の製法は失われて久しい。最初は酔醒し、消化、解毒に使われたが、後に色事の幇助に使われるようになった」と述べられている。『風月機関』では、春薬の意味合いを帯びているだろう。

『金瓶梅詞話』第四回には「香茶木樨餅児」が、第五十二回と第九十二回は「香茶」が見られる。次に掲げる第九十二回は、西門慶の死後に李衙内に再嫁した孟玉楼を、陳経済が奪い取ろうとして、弟というふれこみで面会し、誘惑する場面である。ここから「香茶」のもつ意味合いが読みとれよう。

酒が三度回り料理が五種類出されると、話がはずんで核心に入ってきました。陳経済は酒の勢いを借りて厚かましくなりました。諺に〝酒を飲めば情は海よりも深くなり、色ごとでは肝っ玉は天よりも高くなる〟と。経済は誰もいないのを見ると、まず色っぽい話を少し始めました。

「わたしはおねえさまを慕うこと、渇して水を求めるごとく、熱して涼を求めるごとくでした。思えば以前舅の家に居たときは、一緒に碁を打ちカルタをし、並んで座ったり、おんぶしているようでした。ところが思いがけず、別れ別れになってしまいました」

孟玉楼は笑って、

「よくおっしゃいますこと。昔から清いものは清く、濁っているものは濁っていると言い、久しくして自然に分かるものですわ」

経済はにこにこしながら、袂から夫婦用の香茶を一包み取出して、女に渡し、

「おねえさま、お情けがありましたら、可愛そうと思し召して、わたしのこの香茶を飲んでくださいな」

と言うと、すぐさま跪いた。女はとたんに耳元から顔中赤くなって、香茶の包みを投げ捨てて、

「人の好意も知らないで。親切でお酒を差し上げたのに、からかうなんて」

と言うや、酒席を放り出して、奥へ引っ込んでしまいました。

【六八】再三要求して、始めて顔を現すのは、値段をつり上げようとしているのだ。再四こちらから要求して買おうとさせるのは、別に理由があって遮っているのだ。

〔原注〕賓客が尋ねて来ると、再三来させて、ようやく会わせる計画を立てるのが決まりだという妓家があるが、これは容易には会えないと宣伝させて、値段をつり上げようとするものである。再四こちらから要求させるのは、女に反蒼（未詳。蒼は瘡か）が生じて不潔になっているか、名を汚すような不始末があって嫌われていて、こちらから要求させるのだろう。理由はこの数点に違いない。そうでないとしたら、容姿が醜悪で、振る舞いが俗っぽいからであろう。

〔訳者注〕この条は、本文・原注ともに読みにくく、本文の「別に理由があるのだ」は『青楼韻語』の「防有別因」により、原注は『妙錦萬寶全書』本によったが、それでも訳文は正確ではない。

【六九】痴心の男子はあまた、水心の女子は多し。

〔原注〕男子の痴心、婦人の水性は、昔からである。嫖客と妓女の二人が誓いを立てた後、男が約束を守り、別の美妓に出会っても親しくしないのに、今までの妓女と反目して、女の心が冷えてしまっても、それでも捨てないというのは痴心である。婦人の性は波に従い流れを追って高下しやすく、実に捉えがたいのは、まことに水性である。

〔訳者注〕和刻本『開巻一笑』の『風月機関』釈義に、「癡心男――妓ノ我ニ情無ヲ言ニ察シ色ニ見ルコトアタハズ、戀ゝトシテ捨テザルヲ癡心男ト云。是多シ。情人ニ髪剪腕香ヲ焚テモ、一旦ニシテ他人ニ志ヲウツスコト、水ノ方圓ノ器ニヨッテ形ヲ變スルガ如シ。故ニ婦人ハ水性ニシテ、定見定守ナシト嫖經ニ説リ」。『青楼韻語』の注に、「痴心だと妄想し、水性だと流され（浮気し）やすい。おおむね男が女に損をさせられる」（癡心則妄想、水性則易流。大略男子吃婦人虧也）。

【七〇】相方の奸計は見抜け。隣家（「家」は『一事不求人』本によって補った）の妓女の美しさは自慢するな。

〔原注〕相方が奸計を弄したら、必ず見抜かなければならない。そうでないとだまされる。隣家の妓女の美貌は、くれぐれも自慢することのないように。もし自慢したら責められる（『妙錦萬寶全書』本は「怪」に作る。これによる）。この二点はともに心得よ。

〔訳者注〕『嫖賭機関』上巻機関条目一百八の第八二に、「隣家の妓の全美（全面的な美しさ）を自慢するな。自分の妻の過厳（ひどく厳しいこと）は言うな。〔注〕隣の妓の美しさを自慢しても何にもならない。妻の厳しさを言ったら警戒される」（休誇鄰妓全美。莫道山妻過嚴。〔注〕稱鄰好、置他何地。說内嚴、怕他留心）。『青楼韻語』の注に、「目が明らかで、口が堅いと、仲良くできる」（見要明、口要緊、便稱合式）。

【七一】遊郭慣れしたものは、好縁を結びやすく、遊郭に入り始めたばかりのものは、悪晦（「晦」は『青楼韻語』注による）が生じやすい。

〔原注〕風情の士は、遊郭に遊び慣れて趣と音曲を知り、尊敬される。ひたすら交情を叙してこそ、好縁が結ばれやすい。粗忽の徒は、女郎買いの興趣が分からず、好醜が区別できず、ただ色だけを恋求める。その結果、間もなく悪瘡（悪性のおでき）ができて、ひどく後悔する。

〔訳者注〕『青楼韻語』の注に、「遊郭で鍛え上げられたら、人付き合いが容易になる。旧注に、悪晦は生瘡のことである。嫖を学ぶものは往々にしてその毒を受ける」（從風塵中淘錬過來、易爲結納。舊註惡晦、生瘡也。學嫖者、往往受其毒）。

〔補注〕明・馮夢龍『警世通言』巻五「呂大郎還金完骨肉」（呂大郎が拾った金を持ち主に返して息子に再会したこと）の呂玉は商売先で一～二度遊郭に遊び、全身に「風流瘡」が出て、治癒するまでに三年を要した。明・陸人龍『型世言』

巻三十七「西安府夫別妻、郃陽県男化女」（西安府で夫が妻に別れ、郃陽県で男が女に変化したこと）は、明・李詡《りく》『戒庵老人漫筆』巻五「男子変女」を小説にした漫画的な物語だが、遊郭に遊び二か月足らずで花柳病にかかり、男根が失われて女陰が生じ、女に変化した男が描かれている。清・潘綸恩『道聴途説』（黄山書社『清代筆記小説類編』烟粉巻所収）の「曹良貴」の曹良貴は遊郭に遊んで風流瘡になり、腐肉ただれて悲惨な死を遂げた。清・張燾『津門雑記』（同前）の「妓館」に、天津の妓院には「大地方」と「小地方」の二種類があり、「小地方」は不潔で、数回遊ぶと毒に染まりやすいという。次は『道聴途説』の「曹良貴」に描かれた、主人公曹良貴の発病から死までの場面である。

江西の余干に住む大商人・曹毛の五男の曹良貴は、母に甘やかされて育ち、十六歳になっても、体格と女遊びだけが一人前で、それ以外は、性格も勉強も仕事も全く駄目だった。家の将来を心配した父が、五人の息子に等分した財産を与えたが、良貴は一年余りで自分の分を使い果たし、母にせびったり、盗んだり、さらに母付きの下女二人を女郎屋に売り飛ばしたり、あげくには母の老後保障の土地を質に入れて金に換えて遊んだ。

……以前、曹家の良貴付きの下女で、後によそへ嫁いだ女がいた。良貴にはよく殴られたものだった。嫁ぎ先が貧乏で、女郎屋へ下働きに出て、良貴をよく世話し、気に入られていた。その女がこっそり言うには、

「おぼっちゃまの懐具合が悪くなると、ここのものたちは、冷たい目で他人面をし、陰険なものばかりなのに、どうして恋々としていらっしゃいますの。わたしの家の隣に、蔣四姑という十八歳で絶世の美人がおります。家が貧乏なので、どなたかお招きして暮らしのたしにしたいと言っています。美しい女で、とてもやさしく、仮面をかぶった上辺だけの女郎屋の女とは大違いです。それに家庭の味があって、すれっからしではありません。おぼっちゃまが、あちらへおいでになられたら、お金もかからないこと請け合いですわ」

この元下女の隣の女というのは、実はあばずれの女郎で、そのとき梅毒（原文「風流瘡」に作る。以下同）になっ

て、仕事を休んで医者にかかっていたが、日銭が入らなくて困っていた。そこで、この元下女に頼んで馬鹿な男を探してもらっていたのだが、元下女は良貴の愚かぶりを思い出して、ひっかけたのだった。だが良貴はだまされたとは知らなかった。

良貴は元下女と一緒に行って会ってみると、すっかり気に入った。良貴は出身を自慢するくせがあり、女郎は初会なので男に好かれようとした。それに美人が病気で、物憂げな姿が魅力的だったので、医療費をたっぷり出してやった。一百貫の銭でも、数日も持たなかった。そこで、仲介人に頼んで、富豪の張大乖に、母親の老後用の田畑をこっそり質に入れてもらい、銅銭六百緡を手に入れ、そっくり四姑の医療費に提供した。

それから半月もしないうちに、良貴は下半身が痒くなり、男根がひどく痛み、起きていられなくなった。だが、良貴は変人で、どんなにまじめなものでも、眠るときには同室させなかったのに、四姑だけは気に入り、世界一の賢婦と自慢し、なにを言われても、言いなりで、少しも逆らうことがなかった。

ひと月ほどして、股間が紫色に腫れて垂れ下がり、歩くのにも差し支え、悪寒と高熱が交互に出るようになった。四姑は、良貴がだめな男だから、癇癪を起こしたときには、きつく当たってやさしくしない方が得策だと知っていたので、少しでも顔色が変わるとすぐに下男下女をどなりつけて、女の威力を発揮し、意のままに収めるのだった。傷が痛んで、うめいたりしたときには、怒って叱りつけ、

「このゲス。大事にしてやってるのに、ちょっと具合が悪いと、すぐこのざまだ。改めないと、退去命令を出すわよ」

良貴は歯を食いしばって痛みをこらえるばかりで、どうしようもなかった。

四姑はすぐには追い出さず、しばらくは刺繡を施した寝台の前の地べたに掛け布団を敷き、そこに仰向けに寝

かせておいてやった。

さらに十日もすると、皮膚が彩模様になり、ただれて臭くなった。四姑はもう危篤状態だと知り、後の面倒を恐れて、家に帰して養生させようとしたが、良貴が離れるのを嫌がり、四姑もたっぷりもらっていたので、追い出してしまうのもためらわれて、むしろを与えて空き部屋に寝かせ、朝夕に双弓（「粥」の字のことで、おかゆの意）を与え、余命をつながせた。

母も良貴が蔣家に居続けるのは甚だまずいと知っていたが、一には良貴がどうしようもない性格で、手に負えなかったこと、二には口に出して父親に知られるのを恐れたこと、三には良貴がもともと年中外泊し、めったに帰らなくて、一月も顔を見せなくても、珍しくなかったこと、四には良貴が帰って来たとしても、すぐに酒食を求め、出すのが遅いと暴れまくり、良貴がいるだけで、一日中平穏が得られなくて、年寄りには対処しきれず、とにかく騒ぎのもとになる人が居なくて、帰らないのもまた甚だありがたかったので、田畑を質に入れたり梅毒になったりしたことは、まったく気付かなかった。

良貴は蔣家で苦しみ、病をおして日を送り、さらに十日もなんとか持ちこたえたが、下女や婆やたちはもともと憎んでいた上に、腐臭が漂ってきて近づけず、少しでも早く遠ざかろうとするばかりだった。それなのに良貴は気が付かず、棺桶に片足突っ込んでいるのにまだ威張りくさって、数日も四姑と顔を合せないと騒ぎ立て、下女やばあやに乱暴するので、だれもかまってくれなくなった。だれかが無理をして近づいても、罵られるので、罵り返すことになり、結局多勢に無勢で、忍び泣き、いじめらっぱなしだった。家に帰って休養しようと思ったが、顔にかさが出て、ぐじゃぐじゃに爛れ、どこが顔だかわからず、お化けのようでは人に会えなかった。怒りの炎がむらむらと起こり、何度も気を失った。

四姑は心中不安になり、売淫で死なせたとして、父の曹毛が黙っていないだろうと恐れ、密かに曹毛の友人を買収して、こっそり様子を探らせたところ、意外にも息子が馬鹿なのを憎んでいて、人間扱いをしておらず、自分の手で殺害するには忍びないが、早く死んでくれさえしたら、大いに喜ばしいとのことだった。だが母は良貴の知らせを密かに聞いたので、呼び返したかったが、父親の怒りに触れるのが恐ろしくもあり、それにますます父の怒りに触れて、死んでしまうのではないかと恐れて、心中決めかねていた。そして悩みが鬱積して、突然危険な病気にかかって終日意識不明になり、痰が止めどなく続き、急いで医薬に頼っても、虫の息でひたすら死を待つのみとなった。

四姑は曹家の正確な知らせを聞いて、良貴には頼るところがなく、迫害してもかまわない情勢にあるのを知ると、若い者に良貴を担ぎ出して、人気のないところに捨てさせた。

このとき良貴は、まったく体がきかなくて半歩も歩けず、ただ両目だけぎょろぎょろさせて、母に伝えてもらおうと、知人が通るのを待っていた。だがこの淋しいところでは、もともと人通りが少ない上に、連絡を頼める知人を期待するのは無理だった。その晩にはまだ、息のあるのを見たものがいたが、翌朝に行ってみると、いつしかお迎え状が届いていて、とうに三途の川を渡っていた。母もその晩に、あの世の道を先に歩いて良貴を導いていた。

良貴の死を父の曹毛に伝えたものがいたので、父はやはり親子の情から、遺体が烏や雀に食われるのに忍びず、桐の棺に収めて埋葬した。

【七二】枕席で情を尽くすといっても、客と妓女ではそれぞれ自分の事に努めているのだ。

〔原注〕男は心事が多端なので、気晴らしにしているもの。女は生活費がまかなえないので、利益を得ようとしているもの。枕席で情を尽くすといっても、それぞれ自分の事に努めているのだ。このことは心の友とは理解しあえるが、溺愛の徒に伝えても、まさに痴人の前で夢を説くものだ。

〔訳者注〕「心の友」は原文は「有鼻竅者」に作り難解、『妙錦萬寶善書』本の「知音者」によった。和刻本『開巻一笑』の『風月機関』釈義に、「彼此各了――旅人孤老ナドハ此ヲ借リテ懐ヲ遣ル。妓女は鴇兒ニ驅レテ、此ヲ以テ利ヲ獲ル。情ヲ枕席ニ盡セドモ、彼ト是ト其事各別ナリ。此一端、只知竅ノ者ト說ベシ。其人ニ非ザレハ、夢ヲカタルガ如シト說ケリ」。『青楼韻語』の注に、「この二句は絶妙ではあるが、ひどく興ざましだ」（二句絶佳、殊殺風景）。

第十章　女郎買いいろいろ

【七三】入ってくるとみんなが恐がり、顔を見て下男も喜ぶ。

〔原注〕妓家に入り込んで、恩義は施さずただ横暴で、他の客がいないと喜び、少しでも客がいると腹を立てる。ばくちの利益を求めて、花柳の縁を償うが、金遣いはけちで食事も甚だ少ない。気にくわないと悪意を抱き、盗賊呼ばわりして誣告し、役所に訴える。こんな地回り（地つきのならず者）はどこにでもいる。これを狼虎嫖という。金遣いはあざやかで言葉遣いは穏やか。老若を問わず、会えばにっこり。これを和合嫖という。

〔訳者注〕和刻本『開巻一笑』の『風月機関』釈義に、「大小皆驚――是ヲ狼虎嫖ト呼テ、溫柔郷ノ人ニアラヌ客ナリ。僕僮亦喜是和合嫖ト呼フ。是ラハ鴇兒ノ歡ノミナラズ、女郎モ悦フベシトナリ」。『青楼韻語』の注に、「常日ごろ穏和だと、喜ばれて驚かれない」（平日溫柔、則喜而不驚）。

【七四】とりわけ重要なのはやりて婆を喜ばせること。妓女を喜ばせるだけではだめ。

〔原注〕女郎買い上手は、まずやりて婆を買収する。そうすれば妓女は思いのままになる。朝来暮去も、自由自在。これを作家嫖という。女郎買い下手は、金銭をけちり、付け届けをせず（この句の訳は当て推量）、ただ妓女と遊ぼうとするだけで、やりて婆の怨みは気にかけない。これを雛嫖という。

〔訳者注〕『嫖賭機関』上巻「論子弟乖巧」に、「嫖客が妓家へ行ったときに、先客がいたらすぐ引き返せ。先客がいなくて妓女に会うなら、先ずかあさんの部屋へ行ってご機嫌を伺い挨拶せよ。次ぎに仲間の妓女に会ってご機嫌を伺え。その後に妓女とゆっくり心の内を語り合え。そうすればかあさんは情が厚い人だとほめるし、仲間の妓女たちはやさしい方だと喜ぶし、家中のものが気に入って、〝どなたかしら、利口なお方だ、遊び慣れたお方のよう〟」（子弟至妓者家、見有客折身便去。若無客會晤表子、先到媽兒房中問安見禮。次面同行姉妹、慰以起居。然後與表子款款談心緒。媽兒說你情熱、姉妹愛你和氣、一家人都是懽喜。喜你爲誰。見你乖巧怜悧、像箇慣家子弟）、同上巻「機関条目一百八」の二〇に、「遊びなれると、いつも家中と仲良くできる。遊び初めは、一人と親しくしようとするだけ。〔注〕遊びを心得た者は、家中を相手にする。心得ぬ者は、一人だけ相手にする」（久歷風塵、必能調和一家。初入花柳、惟知親厚一人。〔注〕會嫖的、嫖他一家。不會的、只嫖一人）。

【七五】家を捨て借金するのは色を求めるためだが、その心は安らかか。霜を負うて出かけ月を帯びて帰るのは女遊びのためだが、それは誰の迷いか。

〔原注〕先祖の家を捨て、親戚友人に借金をし、家産を失ってまで、まだ美貌を貪り続ける。これを痴嫖という。朝に霜を負うて出かけ、暮に月を帯びて帰る。苦痛を踏みしめ、女遊びの利益を得る。一時の楽しみを貪り、無窮の苦を受ける。これを苦嫖という。

〔訳者注〕この条の原注は『妙錦萬寶全書』（『中国日用類書集成』14）本によった。和刻本『開巻一笑』の『風月機関』釈義に、「棄屋借錢――先祖ノ屋ヲ捨テ、或ハ親朋ノ債ヲ借テ、美色ヲ貪ル、是ヲ癡嫖ト云。霜月ヲ重テ他國ニ在リテ、一味情ヲ求ル爲ニシテ、父母ヲ念ズ、歸ルコトヲ忘ル、、是ヲ苦嫖ト云」。『青楼韻語』の注に、「こうなったら、何もかも分からなくなったしまう。楊枝を浸した水（霊薬）で、迷妄を打破りたいものだ」（到此情景、都顧不得。安得楊枝一滴水、破其春夢也）。

【七六】春を幽室に移し、柳絮の風に漂うを追う。

〔原注〕他の客がしばしば妓女を訪れるのを憎んで、その美を独占しようと、人知れない部屋に幽閉して、それでも知られるのではないかと恐れる。昔は小嫁といい、いまでは包といっている。これを自在嫖という。情が濃くなって捨てられず、心が熱くなって離れられず、妓女が呉へ引っ越せば呉へついて行き、楚へ引っ越せば楚へついて行き、家業を捨て、妻子を捨てて顧みない。これを遊方嫖という。

〔訳者注〕春も柳絮も妓女の意。和刻本『開巻一笑』の『風月機関』釈義に、「移春――妓の他人ト往來スルノ頻ヲ悪ミ、自家獨リ其美ヲ擅ニセント欲シテ、女ヲ幽室ニ移シテアソブナリ。古是ヲ小嫁ト謂。今包スルト呼ブ。或ハ呉ニ行トキハ呉ニシタガヘ、楚ニユクトキハ、楚ニ隨ヘユク。是ヲ遊方嫖ト呼フ。絮ヲ逐テ風ニ任ズルナリ」。『青楼韻語』の注に、「女を囲うのでなかったら、せっせと追掛けるのも仕方がない」（若非包定、安得不脚歩勤也）。

【七七】黄金を積んで遊郭に入り、商売をして妓楼に遊ぶ。

〔原注〕黄金を積み重ねて遊楽に供し、白銀を積み上げ心付けとして、ひたすら歓心を買い、惜しむ気配がない。これを死嫖という。身は旅にさすらい、心は商売にあったら、気晴らしも必要だが、本業の妨げにならないようにして、暇を盗んで、風流の付けを払え。これを江湖嫖という。

〔訳者注〕『青楼韻語』の注に、「銭がなくても見栄を張りたいのだから、銭ができたら派手にばらまく。遠商千里、異境暮らしは淋しいから、女郎買いも不可欠だ」（無錢尙要掤補來、既有寧不揮霍。經商千里、旅況凄然、嫖亦少不得）。

【七八】手広くしていた商売を、とうに捨ててしまって、色街に遊ぶ。帰国の旅支度ができて、始めて知る、今宵花街に泊まるを。

〔原注〕遊郭に借金すると、一か月に三割の利子。軟弱な客をいじめて、唯我独尊（したい放題?）。近頃は利息だけ取り立て（?）、久しく滞ると、また証文を書き直す。このようにして、娼家は不当な待遇をし、部屋代を計算して、借金を余計に払わせる。これを乾嫖という。長年旅先で暮らして、ずっと放蕩心がなかったのに、帰郷の吉日を決めたら、急に遊び心が起こって、その夜歓びの会をし、翌朝別れる。これを解纜嫖という。

〔訳者注〕この条の原注の訳文は正確でない。『中国娼妓史　青楼韻語　風流情書』の『青楼韻語』の注に、「借金して落ちぶれ金で帳消しにし、妓楼を債務場としたのでは、行楽が苦悩となる。そんなことをしていられようか」（借錢落魄金綃〈銷〉帳、却把倡樓作債臺、行樂翻成苦、何必爾爾）。「解纜嫖」の「纜」は、船を繋ぐともづなで、「解纜嫖」は「出港前日の女郎買い」の意。

【七九】銀海のあたりに幾多の美貌。朱唇のなかに無限のあで姿。

〔原注〕銀海は眼のことである。道蔵の書に出ている。華麗な衣服をまとい、美貌の友をつれて、色街を毎日練り歩くのを眼嫖という。人にはどの妓女たちともいい仲だと言いながら、会ったことがあるかといえば、一泊もしたことがないのを口嫖という。

〔訳者注〕和刻本『開巻一笑』の『風月機関』釈義に、「銀海—銀海ハ眼ナリ。上ノ句ハ、眼デ見タバカリノ眼嫖ヲ云。下ノ句ハ、一目モシラヌ女郎ヲ知タヤウニ人前デ説チラシ、花街ノ席ハアマリ踏ヌモノ、コトヲ云。是ヲ口嫖ト云」。

〔補注〕曲定馬琴『小説比翼文』下巻・第四編に、

権八はこれを見るよりその前にむずと坐し、忽地《たちまち》銀海を見ひらき、朱唇を翻し、声をあらげていへらく、……

とあり、近路行者（都賀庭鐘）『繁野話』（『日本名著全集』十『怪談名作集』所収）五巻上「江口の遊女薄情を憤りて珠玉を沈むる話」に、

播磨の住人、岸の惣官成雙といふ人、常にかたり興じて、花街の品定めなど聞えけるに、江口の遊君、其才色優長なるを聞きて、ゆくての遊興に歸路を促し、江口に趣き、「眼に見るのみを甲斐とするは眼嫖とそしり、みもせぬ君を見きとないへば、口嫖と笑ふも口惜しけれ。名ある君と青樓の酒を酌みて、古郷の語り句にせん」と、室木の刀自が許に日をかさねける。

とある。「江口の遊女」のことは、徳田武氏の『近世近代小説と中国文学』（汲古書院）第七章「都賀庭鐘と中国色道論――「青楼規範」の活用――」にすでに指摘されている。

【八〇】老人が色を好むと、ひたすら札を費やす。老妓が門を開けると、かならず〔客に〕銭を与えてくれる。

〔原注〕白頭の客が、金銭を多く使って、専ら若い妓女を求めるのを強嫖という。老年の妓女が、髪は白くなっても、往年の魅力が残っていて、門を開いて逆に〔客に〕銭を与えてくれるのを当家嫖という。

〔訳者注〕この条の原注は『妙錦萬寶全書』本によった。和刻本『開巻一笑』の『風月機関』釈義に、「老妓開門――老妓門ヲ開キ、自ラ客ヲ迎ルハ、錢ヲ賺ノ計ナリ。老妓ハ鴇兒トナリテ少女ヲ妓トナシテ、門ニ當ラシムル習ヒナルヲ、似合ヌ年ニテ自ラ門ヲ開キ客ヲ迎フ。是ニヨル客ヲ當家嫖ト呼フ」という。『五車拔錦』本、『萬用正宗不求

人』本では「当家嫖」を「獲利嫖」に作る。前書（『明代の遊郭事情　風月機関』）では原文「老妓開門、定貼銭」を、和刻本『開巻一笑』の釈義によって、「老妓が門を開けると、必ず銭をだまし取る」と訳したが、誤りだったようである。『妙錦萬寶全書』本の原注に「設若開門、得倒貼之銭」（もし商売を始めたら、逆に〔客が妓女の〕銭を得られる）とあり、『青楼韻語』の注に、「蒼生とは老嫖客のことである。男でも女でも、老人が損をする」（蒼生、老嫖客也。不論男女、只是老的吃虧）とあるのも参考にした。そうだとすると、「強嫖」は「無理強い女郎買い」で分かりやすいが、「當家嫖」の「當家」は「開門」と同じく、「生活する」「生活のために営業する」意だが、実際には客を取っても、若い客に貢いでしまって儲けにならない現実を内包した、皮肉なネーミングということになる。「獲利嫖」といっても同じことである。後掲一二一条には「白髪の妓女は世間ではあまり見かけない」とある。

〔補注〕清・兪蛟『夢《む》厂《かん》雑著』巻十潮嘉風月の軼事「韓江の老妓」（「韓江老娼」）は、右の老妓に類する人物の話である。

もう一人の老妓は、年は六十歳近くで、歯はぐらぐらし、髪は白く、ひどく衰弱していたが、夜には男がいないと、安心して寝られなかった。ある日のこと、船を川辺に泊めていると、若者が裾をたくし上げて、浅いとろを渡っているのが目についた。体格は堂々としていて、老妓が気に入り、船に呼び入れ、無理に交歓しようと求めた。若者は承諾せず、

「あなたは髪は残り少なくなっており、わたしは今まさに男盛りで不釣り合いですから、どうか別にふさわしいお方をさがして、歓びをお求めになって下さい。わたしはお引き受けできません」

と言ったが、老妓は大金を出して誘ったので、結局若者は無理をして応じ、以後はずっと夫婦のようになった。

昔〔春秋時代の陳の国の〕夏徴舒の母は、年老いてから三度若返ったが、それは男の精を借用して駐景之丸薬

（若さを引止める丸薬、回春薬）を作ったからだった。その娼妓を夏姫（夏徴舒の母）になぞらえた旧友がいたが、夏姫は年老いても（原文は「夫夏姫年髦」に作るが、「髦」を「耄」の誤りとして訳した）容貌は若々しく、陳の霊公以後も、楚の荘王が迎えようとして果たせなかった他に、巫臣・子反・黒要など争って手に入れようとしたものが数え切れないほどいた。その妖艶な姿は、若者でも後ろ姿に目を見張るほどのものであった。物の本に「人をなぞらえるには、類似点が必要だ」というが、韓江の老妓は色好みなだけで、回春の術はなく、ただの雌豚にすぎず、夏姫とは同日に談じられない。

【八一】心をつかむには沢山金を使え、興趣を得たらすぐに身をひけ。

〔原注〕始めて叢林（遊郭？）に遊んで、美女を貪恋し、金銭を惜しまずに、ひたすら心を買おうとするのを小官嫖という。怜悧の士が、久しく貪ることなく、興趣を得たらすぐに身を引くのを乖嫖という。

〔訳者注〕この条の原注は『文林聚寶』本に依った。「小官」は「小官人」（お坊ちゃん、若旦那）の意、「小官嫖」は「若旦那の女郎買い」。「乖」は「乖張」（ひねくれている・道理にもとる）の意で、「乖嫖」は「ひねくれ女郎買い」。『嫖賭機関』上巻「機関条目一百八」の五五に、「女に情がないのに無理強いするのは、滞在するだけだとしても見識があるとはいえない。興趣を得たらすぐに身を引くのは、ずる賢いとしてもやはり薄情だ。〔注〕情のない女に迷い、恋慕うのは、みっともない。興趣を得たら相方を取替えるのは、甚だひねくれている」（無情強苦求、雖盤桓而非高懐。得趣便抽身、縦乖狡而亦薄倖。〔注〕他無情我迷戀、到底不美。我得趣就跳槽、忒煞乖張）。和刻本『開巻一笑（山中一夕話）』「風月機関」の釈義に、「識趣――風月ノ趣ヲ識リ、絲竹ノ佳音ヲ賞スルモノ、豈獨樂コトヲ高シトセンヤ。必ズ心友ヲ携テアソブ。此ヲ敲嫖ト謂。内ヲ惧ルヽ、故ニ、僕夫ヲモ従ヘズ。吃醋スルニ因リテ友ヲ携ヘズ。暮レバ去、朝レバ回ル。此ヲ嫖トハ謂ズ、借宿トイフベキナリ」。『青楼韻語』の注に、「おおむね、好かれたい一心が捨切れないと、あれこれ思いめぐらすのを免れない。捨切れれば、身を引くのは難しくない」（大率討好一念破不去、未免多費思索。能破則抽身何難）。『風月機関』の本文（注は除いて）には、「趣」は五箇所（三七・三九・五九・八一・八六）に出てくるが、いずれも「興趣」「情趣」「意趣」の意味に用いられている。

〔補注〕清初、康熙年間刊行と目される無名氏『新編梧桐影詞話』（別名『新編覚世梧桐影』〈略称『梧桐影』〉、台北双笛国際出版社刊『中国歴代禁忌小説』第四輯第四冊所収）の第七回に、破戒僧の三拙和尚が数々の女あさりをし、蘇州で南京に旅立つ夫を見送る婦人に目をつけてその家に泊まり込み、五六夜懇ろに過ごした後、引き留めるのを振りきって立ち去る場面に、

女がかれを放そうとせず、五六夜泊まり続けた。それでもまだ女が放そうとはしなかったが、三拙は逆に、〝興趣を得たら身を引く〟で、またすぐ戻って来るよとだけ言い、別れて帰った。

とある。第八回には、やはり三拙が蘇州で、王尼から聞いた某秀才の未亡人の情報を得ようとして、つきあっていた女を訪ねる場面に、

ある日のこと、三拙は以前から知り合っていた女の家を訪ねて、情報を求めた。この女は王未亡人の西に住んでいて、三拙は二年の付合があった。三拙は常々〝興趣を得たら身を引く〟たちで、極めて薄情だった。それなのに、この女とだけ長続きしているわけは、女はすでに三十六七歳で容姿も並ではあったが、その娘が十四五歳で飛切の美人だったので、もう二三年待って、母親に取り持ちをさせようと目論んでいたからであった。

「得趣抽身――興趣を得たらすぐに身を引く」は、よく用いられた成語で、「薄情」の意味を帯びていた。

【八二】情が定まらないとしきりに相方を取替え、意が固まると異心が生じない。

〔原注〕昨朝は李を抱き、今夜は張と寝る。このようにしきりに取替えるのを、俗に跳槽といい、こういう遊びを嘗湯嫖という。心が通じ合えば情は必ず密になって、他のことはできなくなり、百人中ただ一人となる。これを定門嫖という。

〔訳者注〕嘗も湯（蕩）も女に接触すること、嘗湯嫖はさしずめ「浮気な女郎買い」。定門嫖は「律儀な女郎買い」。

【八三】一日に三回厚意に報い、十日半月ごとに情を交わす。

〔原注〕情が互いに深くなったのは、人の意志によるものではない（因縁?）。三回通わないと脚が痒くなる。これを点卯嫖という。十日に一度会い、半月に一度歓びを交わす。これじゃ神廟の参詣みたいで、一日と十五日だけだから、焼香嫖という。

〔訳者注〕点卯は旧時の役人の点呼（早朝卯の刻に行われた）のこと、点卯嫖は「点呼式女郎買い」。「焼香嫖」は和刻本『開巻一笑』の「風月機関」釈義では、「一日三番——一日ニ三番走テ、尚脚痒キ、是ヲ點卯嫖トイフ。十日ニ一會、半月ニ一歡、朔望ニ神廟ニ參ルガ如キ、是ヲ燒香嫖ト呼」。『青楼韻語』の注に「一刻も忘れられないと、日に三度通っても、まだ足りない。十日半月に一度情を交わすのは、よほど見識がないとできない」（念頭一刻不能寘、一日只走三番、還是少也。十朝半月一敍、非大有主見者不能）。

〔補注〕明・馮夢龍『山歌』巻一「騒」の四に、

ねえさんは心むずむず、男に流し目を送る。あたしのいい人やって来るや（わたしに対して）手をゆるめはしない。船首が火事になったらそのまま船倉まで焼かずにいない。でも、あんたのおかげであたしの船尾が救われたわ

（艄は騒に通ずる。わたしの思いが満たされたわ）（姐兒心痒捉郎瞟。我郎君一到弗相饒。船頭上火熍直焼到船艙裏。虧子我郎君搭救子我箇艄）。

とあり、大木康《馮夢龍『山歌』の研究》（勁草書房）第二部巻一の「騒」（４Ｄ）の注に、「心むずむず」は「性的欲求不満のイメージの一つ」というテーベルマンの説を引いている。訳文も大木書によった。『風月機関』の「脚が痒くなる」も同様の意味であろう。

【八四】年を隔てて宿債を償い、日を隔てて花を抱いて眠る。

〔原注〕去年の寒食節に出会い、今年の清明節に始めて情を明かした。かささぎの橋のように一年に一度の会う瀬。これを牛女嫖という。一日に二回妓家に眠り、五回三回と遊郭に泊まり、おこりやまいが隔日に変化するよう。これを瘧疾嫖という。

【八五】あらを探し脅かされて計略をしかけられ、腹を立てて競争心を起こすは愚かなこと。

〔原注〕客が妓女と熱々なのを見て嫉妬し、その客の過失や、家庭内の不始末や、行いの欠けるところを言い立てる者がいる。妓家ではこういう情報を多く求めて、わざと嫖客に伝え、客が恥を隠すために、財布を空にするよう仕向ける。これを忿志嫖という。また行いの悪い妓女や、貪婪狡猾なやりて婆に出会うと、悪計が多様である。嫖客が頭が変なときに、前の客の某は特にやりて婆の誕生祝いをしただの、何々の品を送り届けただのと嘘をつく。愚か者は往々にして負けまいとがんばる。そのために同意したり、身請けしたり、全資産をつぎ込んだりする。これを闘志嫖という。

〔訳者注〕本条は底本に不鮮明な箇所もあって、諸本を参照して訳したが、訳文は正確ではない。『五車抜錦』本は、「忿志嫖」を「忿気嫖」に作る。忿気は立腹することだから、この方が分かりやすい。「腹立て女郎買い」というところ。「闘志嫖」は「闘志満々女郎買い」か。

【八六】興趣を知り音曲を賞するに友を携えて楽しみ、暮れに来たりて朝に去り人に知らるるを恐る。

〔原注〕花柳の興趣を知り、糸竹の佳音を賞するのに、一人占めして好かろうか。ぜひ友人を携えて楽しみたいものだ。これを敲嫖《こうひょう》という。妻を恐れて下男を連れず、嫉妬のために友を携えず、日が暮れると顔を覆ってやって来て、朝になるとそそくさと頭を抱えて去って行く。これは嫖といわなくて、宿を借りるという。

〔訳者注〕和刻本『開巻一笑』の『風月機関』釈義に、「識趣―風月ノ趣ヲ識リ、絲竹ノ佳音ヲ賞スルモノ、豈獨樂コトヲ高シトセンヤ。必ズ心友ヲ携テアソブ。此ヲ敲嫖ト謂。内ヲ惧ル、故ニ、僕夫ヲモ従ヘズ、吃醋スルニ因テ、友ヲ携ヘズ、暮レバ去、朝レバ回ル。此ヲ嫖トハ謂ズ。借宿トイフベキナリ」。『青楼韻語』では、『風月機関』の本文として、「識趣賞音携友樂、此實堪欽〔舊曰敲嫖〕。暮來朝去畏人知、是爲可笑〔舊曰借宿嫖〕」〔趣を知り音曲を賞するに友を携えて楽しむは、実に敬うに堪えたり〔古く敲嫖という〕。暮れに来りて朝に去り人に知らるるを恐るるは、これ笑うべし〔古く借宿嫖という〕〕と掲げ、『青楼韻語』の注として、「一人で音楽を楽しむのと、人と音楽を楽しむのとではどちらが楽しいか。人とするにしかず」〔獨樂樂、與人樂樂、孰樂。曰、不若與人〕という。

『嫖賭機関』上巻の「十二嫖」にも、十二種の「～嫖」を収めているが、『風月機関』とは異なっている。前書〔『明代の遊郭事情　風月機関』〕には、本条にも誤りがあった。訂正する。

第十一章　遊郭の真と仮

【八七】酒宴で歌唱が始まったら、おしゃべりは続けるな。妓館に友人と遊んだら、交易の話は止めよ。

〔原注〕宴席で歌唱が始まって、家事を平気でしゃべるのは田舎者だけ。友人と妓館で遊んで、貨殖のことをしゃべりまくるのは俗物だけ。ここは会議場でも交易所でもない。趣を知るものはわきまえよ。

〔訳者注〕『青楼韻語』には、この条の本文・注は収められていない。

【八八】妓女が朋友の過失を語ったら、まさしく好音である。朋友の賢良を誇ったら、決して吉兆ではない。

〔原注〕嫖客の敲嫖（芸者遊び）は、朋友をつれて妓家で共に楽しむものである。ところが昔から婦人は浮気者が多く、朋友の中に人材・徳性・言語で、こちらより優秀なものがいると、女は必ず情を寄せて相手をし、こちらの趣が奪われてしまうから、誤ることのないように。女が朋友の過失を語ったら、まさしく好音であるが、いつも賢良を誇ったら、決して吉兆ではない。

〔訳者注〕和刻本『開巻一笑』の『風月機関』釈義に、「談朋過失――相ヒ妬ム人アリテ、其妓ト情厚キ孤老ノ過失、或ハ家事不齊ヌコトヲ掲テ、エンリヨセヌヲ、逞強嫖ト呼ブ。人ヨリ賽ント欲シテ、金錢ヲ惜シマヌモノヲ、闘志嫖ト云テ、癡ナリト說ケリ」。

【八九】長椅子が横たえられたら、徐孺が泊まった。今もこれが行われている。甘酒が出されなかったら、穆生が帰って行った。昔もこのようであった。

〔原注〕徐穉《ち》は字を孺子といい、南州（南昌の誤りか。南昌は今の江西省南昌市。徐穉は南昌の人――小川）の高士だった。陳蕃は賓客に接しなかったが、徐穉が来たときだけは、長椅子を用意して接待した。帰った後は、その長椅子を立てかけて置いた。穆生は魯の人で、楚の元王の大夫となった。王は礼をもって敬った。穆生が酒をたしなまなかったので、酒を置くべきときには、王はいつも甘酒を用意した。後に王戊が位に就くに及んで、甘酒を用意するのを忘れたところ、穆生は「去るべし」と言った。甘酒が用意されないのは、王の怠慢の意の表れだったので、穆生が立ち去ったのである。妓家で嫖客をもてなすのに、陳蕃が徐孺をもてなしたようにしたら、泊まるがよい。王戊が穆生をもてなしたようにしたら、立ち去るがよい。

〔訳者注〕和刻本『開巻一笑』の『風月機関』釈義に、「懸榻――樂安ノ太守陳蕃、徐孺子ガ爲ニ別ニ一榻ヲ設ケテコレヲ待ス。彼去ルトキハコレヲ懸ヲク。穆生酒ヲ嗜ズ。楚ノ元王酒宴ヲ置ク毎ニ、醴酒ヲ設ク」。徐穉は後漢の桓帝・霊帝のころの人、『後漢書』巻五十三周黄徐姜申屠列伝に見える。穆生は前漢の初めころの人、『漢書』巻三十六楚元王伝に見える。『青楼韻語』の注に、「表に出て天候を見たら、引き止めて泊まらせるに決まっている」（出門看風色、焉有不留而住之理）。

【九〇】小躍りして出迎えるのは、真に情が厚い。懇ろに挨拶するのは、疎遠ではない。

〔原注〕妓女が嫖客に情があるかないかは、普段の態度に示されるから、これも観察しなければならない。会ったとたんに小躍りして迎え、こぼれるような喜びようだったら、真に情が厚いのだ。あるいは、しばらく会っていないの

に、人前で繰り返し懇ろに、しきりに挨拶するのも、疎遠ではない。

〔訳者注〕『青楼韻語』の注に、「心中の人をもてなすには、自ずから違いがある」（待心上人自是不同）。

【九一】他人の異能を妓女に語るのは、姦淫の道を教えるもの。自分の妓女の秘密を友人に語るのは、入口を開けて盗賊を引き入れるもの。

〔原注〕人並み優れた異能をもった他人を、妓女に語れば、必ずその異能を慕うから、姦淫の道を教えることになる。自分がつきあっている妓女のもつ枕席の技のすばらしさを、詳しく友人に語れば、その友人は必ずそのすばらしさを慕い、女に手を出す。これが入口を開けて盗賊を引き入れるということである。

〔訳者注〕『青楼韻語』注に、「古く、〝異とは陽物の異のこと〟といったが、必ずしもそのようにいう必要はなく、異姿・異才・異富・異侠などはみな妓家の喜ぶものだ。趣を得た所を人に言わないというのは、なかなか耐え難いことだ」（舊云、異陽物之異也。何必如此說。異姿異才異富異俠、皆妓家所喜。得趣處不向人言、眞是難忍）。

【九二】朝がくればお茶、日が暮れれば酒というのは、ただ嫖客のためにだけすること。貧乏になっても行き届いた世話をし、患難に見舞われて助けてくれるのは、情人だからである。

〔原注〕茶酒に手厚くしてくれるのは、女郎買いが久しいからとはいえ、嫖客のためにすることなのである。貧乏になっても手厚く、患難に見舞われても助けてくれるのは、希なことではあるが、情人だからである。女郎買いするものは、このことを察しなければならない。

〔訳者注〕和刻本『開巻一笑』の『風月機関』釈義に、「朝則茶――茶酒ノ設マデ心ヲ用テ慇勤シ、貧ヲ周シ患ヲ救フハ、情人ニマギレナケレドモ、是ニサヘ分別アルベシ」。『青楼韻語』の注に、「ここに喜びと悲しみの相関が見られる」(此見休戚相關)。

〔補注〕清・兪蛟『夢厂雑著』巻三「汝南の妓女」(汝南妓)

南京の劉渥《りゅうあく》は若い頃から郭遊びが好きだった。父が甘粛の陰平県の長官だったことで、よく陝西・秦隴の地を往復したが、そこの綺麗どころはみな尋ねた。ハンサムで穏やかな人柄だったので、女たちは一夜の愛で心を奪われ、高官の妻になるよりも、劉渥の妾になりたいと願った。

父が亡くなると大同へ貸付金を取りに行ったが、果せず、帰途病気になり、治療の効き目もなく衰弱した。従者たちは回復の見込みがないのを見ると、持ち物をすっかり奪って逃げた。旅館の主人は部屋から追い出して、使用人部屋に寝かせた。土間でうめき苦しんで、自分でも、もう駄目だと思った。意識が朦朧としていたが、誰かがさすりながらため息をついているようだった。しばらくすると、竹かごに揺られているような気がした。やがて何か飲まされたので飲み、食わされたので食べたが、誰がしてくれたのか分からなかった。数日して少しよくなって見回すと、室内は清潔で、寝具は暖かかった。ベッドの向かいには長椅子が置かれ、絹のカーテンにはふさが付いていて、美人がひとり座っていた。びっくりして、

「ここはどこ。あなたはどなた」

しばらく以前のことだったが、劉渥が陰平に帰る途中、汝南の旅館に数日泊まったことがあった。彼が立ち去った後で、そのとき会った妓女が彼を忘れられなくて、いつまでも思い続けていたが、どうしようもないまま日を送っていた。その後、遊郭のやりて婆が亡くなると、妓籍を抜いて結婚しようと志し、大同を流浪していた。そんなときに旅館で死にそうな客がいるのを耳にし、聞いてみると南京の劉渥だった。そこで出かけて行って会っ

てみると、体は衰弱していたが、意識はまだ見込みがあったので、人を雇ってかごで連れて帰った。この前に会ったときから五年たっていた。女がいきさつを縷々述べると、劉渥はベッドの上で頭を垂れて、号泣し、

「あのとき何もしてあげなかったのに、どうしてこんなにまでしてくれたのか。助けてくれた御恩には、万分の一も返しようがない。家は貧乏だが、それでもまだ肥沃な田畑が十余頃あって、何とか衣食には足りるから、もし差支えなければ、一緒になってもらえないか」

「私は花柳の巷で沢山の殿方を見てまいりましたが、あなたのようなお方はおいでになりませんでした。数日ご一緒しただけで、忘れることができなくなりましたが、今生でのご縁が薄く、数か月前に、揚州の朱さまのご子息に身をゆだねることになりました。あの方は都でご商売中ですが、先日お便りを下さり一年で仕事を終え、共に揚州に下ることになりました。杜牧さまとの再会が遅かったのが、恨めしゅうございます（杜牧が湖州で出会った美少女と、十年後に迎えに来ると約束した。だが再会が十四年後になり、美少女は三年前に別人に嫁していた。『太平広記』巻二七三「杜牧」に引く『唐闕史』――小川）。もう〝老大嫁して商人の婦となる〟（名妓が年増になって落ちぶれ、商人に身請けされること。白居易「琵琶行」の一句――小川）でございます。このお気持ちが断絶しなければ、来世にこそご期待申し上げます」

劉渥はすすり泣きを止めることができなかった。

それから一か月余りで病気が治って、劉渥が同衾を求めると、

「私と朱さんとはお天道様と鬼神に変わらぬ愛を誓い合いましたので、あなたの看護はかまいませんが、肌を接することは、あの方を裏切ることになります」

劉渥は恐縮してわびた。

女は旅支度を手厚く調えてやり、送別の宴を開いて、ねんごろに諭した。

「どうぞお発ち下さい。私のことはお気になさらぬよう。最後にひとこと申し上げさせてくださいな。花柳の巷は所詮安楽の地ではございません。これからは、どうかご自愛なさって、二度と遊びほうけることのないようにして下さい。そうしたら私うれしゅうございます。これでご縁は尽きました。後日お会いすることがあっても、他人です。お世話はさせないで下さい」

言い終わると、出立を促した。二人は涙ながらに別れた。


【九三】最初のうち「摭《せき》」なのは、格好つけているだけのことだ。その後いつまでもそうだと、真情が少ないということだ。

〔原注〕この「摭」の字の意味は文語のそれではない。「摭」というのは、遊郭で妓女が「もじもじする」意味である。せっかくの美貌が、格好つけないと、甘えを振りまくことができず、紅やおしろいを塗らないと、美しさが発揮できない。なれそめのころに格好つけるのは当然で、体裁を繕っているだけのこと。その後いつまでも格好つけていたら、きっと真情・誠意が欠けているに違いない。

〔訳者注〕『青楼韻語』の注に、「もじもじするのは新しい客に対してだけで、いつまでもそうするのではない」（忸怩做作、僅施之生客、寧可久也）。


【九四】ため息つくのは、楽しくないからだ。ぼんやりしてるのには、訳があるに違いない。

〔原注〕何事もないときに、しきりにため息をつき、暇なときに、ぼんやりと黙って坐っている。ため息つくのは必

ずや楽しくないからだ。ぼんやりしているのには、訳があるに違いない。

〔訳者注〕『妙錦萬寶全書』本の注には、「嫖客たるものは、このことを察してやりなさい」の一句が加えられて、妓女への同情を勧めている。一方、『青楼韻語』の注では、「ため息と放心には、情痴の者は引っかかりやすいもので、この中にも偽りがあるぞ」（吁氣出神、情癡人看來易動。此中實亦有假）と、嫖客に警戒を勧めている。

〔補注〕本文と注の「ぼんやりしている」の原文は「出神」で、『金陵六院市語』『梨園市語』（ともに銭南揚『漢上宧文存』所収）に、「無言で静座するのを出神という」。

【九五】やりて婆が出てきて応対したら、きっと訳がある。友人が弁明したら、女の依頼を受けている。

〔原注〕女の部家に入っても、妓女が居なくて、やりて婆が出てきて応対したら、きっと訳がある。別の客の相手をしているか、家に居ないかだ。連れの友人が、一向にこちらのために動かず、女のために弁明してやって、気を遣うようだったら、前から女と通じているか、密かに依頼されているかだ。

〔訳者注〕『青楼韻語』の注に、「やりて婆が出てきたら、なにかあったのだが、応対したらなおさらだ。この友人はもっと悪いやつだ」（一見鴇兒、便生事故。況可來陪也。此友更非好人）。

〔補注〕『金瓶梅詞話』第二十回に、西門慶が常時節の家で飲み、夕方帰るときに、応伯爵・謝希大・祝日念の三人と、妓女の李桂姐の家へ遊びに行った。そこにこの見本のような場面がある。

十一月下旬のある日、西門慶が友人の常時節の家で酒を飲んでお開きになった。火ともしころになるのを待たずに出発した。応伯爵・謝希大・祝日念三人と馬を並べて進むと、常時節の家の門を出たばかりで、上空には黒雲がかかり、早くもひらひらと雪がちらついてきた。応伯爵が、

「兄貴、こんなに早く家に帰っても、家では入れてくれませんぜ。しばらく桂姐のところへおいでになってないのを知ってますよ。ちょうど雪が降ってますから、『孟浩然雪を踏んで梅を尋ねる』（元・鐘嗣成『録鬼簿』巻上の馬致遠の戯曲の項に、「風雪騎驢孟浩然」「凍吟詩踏雪尋梅」がある―小川）としゃれましょうや」

と言うと、祝日念が、

「応兄貴の言う通りですよ。旦那は毎月、雨でも風でも二十両出してあの子を抱えているんですから、行かないと勝手なことをされちゃいますぜ」

西門慶は三人から言われて、東街の遊郭への道に馬を進めた。李桂姐の家にやって来ると、もう日暮れころで、客室には明りが用意され、下女たちが掃除していた。やりて婆と李桂卿が出てきて挨拶した。上座に椅子を四個並べると、四人は座った。やりて婆が、

「この前は桂姐がおそくにお邪魔いたしました。それに六奥さまからハンカチや飾り物をいただきありがとうございました」

と言うと、西門慶が、

「あの日はなんのもてなしもしないでしまった。おそくなるのが心配で、客が帰ると、すぐに戻らせたんだ」

やりて婆はしゃべりながらお茶をいれた。下女がテーブルを出し料理を並べた。西門慶が、

「どうして桂姐が顔をみせないんだ」

と言うと、やりて婆が、

「桂姐はずっと家で旦那さまをお待ちしてましたが、お見えがなくて。今日はあの子の五番目のおばの誕生日で、かごが迎えに来て、お祝いに出かけてしまいました」

読者の皆様、昔から世の中で、坊主と道士と妓女だけは、銭を見なければ目が開かず、貧乏人を嫌って金持ちを好み、うそでたらめを言わないとおさまらない輩でございます。実は李桂姐は五おばの家へ誕生祝いなどには行ってはおりません。このごろ西門慶が来なかったので、杭州の絹商人の丁旦那の息子丁二くん、呼び名を丁双橋というの引きずり込んでいたのです。この男が千両の絹を扱って、旅館に泊まっていましたが、父親をだまして遊郭で女遊びを始めました。最初、十両の銀子と二組の厚手の絹の衣服を持って来て李桂姐を買い、二晩続けて泊まっていました。ちょうど桂姐と部屋で飲んでいたところへ、あいにく西門慶が来たので、やりて婆が桂姐と後ろの三階の奥まった小部屋に避けさせておきました。西門慶は信じ込んで、居ないのなら、飲みながら待つからと酒を用意させました。やりて婆は裏で酒肴の用意を急がせ、間もなくテーブルに並べました。桂卿はやむをえず、琴の準備をし、新曲を唱います。みんなは数当てや酒令をして、宴たけなわのころに、とつぜん西門慶が奥のトイレに立ちました。必然的でもありましたが、急に東側の脇部屋から笑い声がしました。西門慶が用を済ませて、窓の下からこっそり盗み見ると、桂姐が方巾（四角い頭巾）の野郎の相手をして飲んでいるので、かっとなり、飛び込んで片手でテーブルをひっくり返し、皿も杯も粉々にしてしまいました。お供の平安・玳安・画童・琴童の四人を呼んで、有無を言わせず、窓や戸や壁、ベッドやカーテンを、すっかりぶち壊させてしまいました。

予約なしに突然来たのだから、留守と言われても、西門慶とてやむを得ないだろう。しかし李桂姐は、一年半前に西門慶に梳籠（水揚げ）され、以後毎月お抱え費用として二十両もらっていた。そのうえ第二夫人の李嬌児の姪であることから、特別ひいきにされ、西門慶の家にも出入りしているという浅からぬ関係にあった。だから、居留守をつかったとなれば、横暴な西門慶ならずとも、ただではすまなかったろう。

だが、やりて婆のすることはこんなもので、三年後に西門慶が急逝すると、すぐに李嬌児をただで元の遊郭に呼び戻し、一か月後には再嫁させている。その身請け金は、当然やりて婆が懐に入れた。

【九六】 日久しくして佳人（妓女）も道を修め、年深くして嫖客も烏亀（人でなし、牛太郎）となるものもある。

〔原注〕妓女の中には、年をとって過ちに気付き、懺悔を求め、看経念仏、精進料理と施僧に努め、修道者の姿をし、来世を修めるものがいる。まことに虎が首に数珠を掛けるようなものである。ところが愚かな嫖客の中には、情人を貪り恋い、事業は顧みず、商売はせず、逆に有限の銭で無限の趣を買い求め、故郷に帰れなくなり、住み込んでしまうものがいる。この点だけ取り上げても、道徳教化を損なう、ともいえるだろう。

〔訳者注〕和刻本『開巻一笑』の『風月機関』釈義に、「作道――道ト作ルハ看經念佛シテ來世ヲ脩スルナリ」「成龜――癡心ノ子弟、風月ヲ貪リ事業ヲ顧ズ、限リ有ノ錢ヲ以涯リ無キ趣キヲ買ントシテ、遂ニ變ジテ烏龜トナルモノ間多シ。風化ニソムケルコト、惜ベシ戒ムベシ」。『青楼韻語』の注に、「禍をなして後始末が出来ず、出家にかこつけて結末をつける。嫖客が遊郭に長年入り浸って、とりわけ仕事もしないで、気が付いたときには遊郭で暮らしをたてることになる。恐ろしいことだ」（作孽得沒了結、借出家爲收場。子弟在此中年久、別無事事、不覺竟靠此營生矣。可爲寒心）。

〔補注〕明・徐霖『繡襦記』伝奇第十八齣に、やりて婆のあこぎな金儲け主義に嫌気がさして、竹林仙院に身を投じた元妓女の道女が登場する。この竹林仙院は、李家のやりて婆が鄭元和と李亜仙を引き離すために、子宝祈願の名目で参詣させた道観で、唐の白行簡の伝奇「李娃伝」を引き継いだものだが、廃業した元妓女の道女が登場するのは、『繡襦記』になってからである。

〔浄真うた〕竹林仙院で三清神に拝礼し、歌舞の楼台で楽器を捨てた。日暮に香を焚き壇上巡り、昔の歌声いま礼拝。

〔道女たちが挨拶するしぐさ。浄真いう〕わたしはもと遊郭の名妓で、姓は曾、生まれが長女で、曾大姐と呼ばれました。おかあさんがお金のことしか頭になくて、心に怒りを生じ出家しました。道女の名前を浄真と申します。わたしは今は悲歓離合の情を悟りました。道教の修養を積み、俗気を払い、数多の塵外の悟道の士を訪ね、至誠の心を存し欲情を捨て、早く仙郷に至りたいもの。今日は四月十五日。道女たちを呼び出して焼香しましょう。

明末清初の葉稺斐（名は時章）の『琥珀匙』伝奇（中華書局『明清伝奇選刊』所収）第十二齣に、事件に巻き込まれた父を救うために身を売った桃仙奴が、だまされて金陵の遊郭に買い取られる場面があり、そこに身を持ち崩して、にわか烏亀となって活躍する嫖客が登場する。

〔貝《ばい》十《じゅう》戈《か》うた〕口が達者で目がさとい、無頼もの。にせの御使になりすまし佳人を迎える、大胆もの。西施を生きた宝物としてだましとり、誘拐し、花柳の巷に看板立てて、商売する。〔せりふ〕身を持ち崩しては犬にも劣る、長年遊んで烏亀となる。それがし姓は貝、名は十戈（この三字を併せれば賊＝盗賊・悪人となる——小川）、もともと金陵の富豪だったが、巨万の資産を花柳の巷につぎ込んだ。やりて婆が落ちぶれたおれを憐れんで、幇亀（臨時の親方、雇われ親方）にしてくれた。昔から遊郭には決まりがあって、やりて婆の亭主を女郎たちは舅舅（母の兄弟、おじさん）と呼んでいたので、ここでもみんながおれを、おじさんとか貝おじさんとかと呼んでいる。このたびやりて婆に銀子を託されて杭州へ人買いに来たが、どの家だって、いい娘にこんなことはさせやしない。そこで揚州の東夫人が杭州へ参詣に来るというのを耳にしたので、……（この箇所四字難解）やむなくこの御使の名を騙って、桃仙奴をだまして金陵へつれて行くが、だれにも探し出せぬだろう。〝今から飛び出す焔魔天、雲に乗っても追いつけぬ〟てなもんだ。嬉しいことに仏奴はもう迎えて船に乗せた。今夜はそれがしがまず初物頂戴となるだろうて。

〔湯保せりふ〕　初物、初物、あっしも手伝いますぜ。貝おじさんおかあさんの言いつけ忘れなさったのですかい。……（この箇所二句十四字難解）今夜はあっしが寝させてもらいますんで。

〔貝十戈せりふ〕　静かにしろい。遊郭で女を手に入れたら、最初の夜は女と寝ねえもんだ。そんなことしたら、女に見破られて、ばれてしまうじゃねえか。

〔湯保せりふ〕　そんなこたあねえ。（原文は「勿對個」、訳は当量）

〔貝十戈せりふ〕　黙りゃがれ。おれとおめえがにせの主従だとしても、女にばれてはならねえんだ。

明の鄭若庸『玉玦記』伝奇（『六十種曲』所収）の第二十九齣には、金が尽きて李家を追い出された王商の後に入り込んだ昝喜《さんき》も、やがて家産を使い尽くすと、「招財」と名を改められて、李家の下男となって働いている。かつての客が落ちぶれて、そのまま住み込んでしまうのは、おきまりのコースでもあった。

次は笑話の例である。清末の小石道人編『嘻談続録』（時代文芸出版社『中国歴代笑話集成』第三巻所収）巻上に、

　女郎買いの戒め（警嫖）

ある嫖客が千金を携えて女郎買いに来た。女はその財をむさぼり、あの手この手と尽くし、男をとらえて放さなかった。ところが男は未練が断ち切れないうちに、持ってきた財が尽きてしまったが、女と別れられなかった。やりて婆が女に怒って、

「家ではみんなおまえに頼っているのに、おまえときたら、この役立たずの客に惚れて、他の客を寄せ付けないで、かあさんにひもじい思いで暮らせというのかい。早いとこ追い出してしまいな。後悔するわよ」

と言った。女がこれを告げると男が、

「おれとおまえは、こんなに愛し合っているのだから、すぐには捨てられない。おれは今こんなぼろを着て、家があっても帰られない」

と言うので、女が、

「そんなのなんでもないわ。いま家では夜回りが辞めたので、あなたがその後を継いだら、ここに居られるので、いつも会えるわよ」

男が、

「夜回りは外の仕事だから、入ってこれないじゃないか」

と言うと、女が、

「拍子木は朝晩に受取・返還するのだから、そのとき会えるじゃないの」

と言うので同意した。

その日から昼間は牛太郎となり、夜間は拍子木を打ったが、これも女郎買いの末路である。

ある日のこと、金持ちが女郎買いに来て、この女の美貌に惚れて、大金を出してお抱えにし、他の客を取らせなかった。この客と女がしっぽり濡れている真っ最中に、ぼろを着た男が拍子木を持って入ってきて、女と私語を交わした。金持ちが怒って叱りつけ、

「この無礼者、厚かましい奴だ」

と言うと、男は拍子木を置いて逃げ去った。

金持ちが拍子木を指さして、いつまでも罵っているので、女が、

「拍子木は道具なのに、どうしてそんなに罵るの」

「罵るだけですむものか、いつかはおれも、あれを打つはめになる」

「招財」は、明清期に遊郭や商店で祭られた五柱の財福神（福の神）、つまり五路財神──玄壇・招宝・納入・招財・利市──（中川忠英『清俗紀聞』巻一年中行事「迓福」〈平凡社、東洋文庫62参照〉）のうちの一柱の神が念頭にある命名だが、当時の遊郭で下働きする男性の呼び名でもあった。明・鄭若庸『玉訣記』伝奇第二十九齣、明・周清源『西湖二集』巻二十など、明清の戯曲小説に見られる。


『萬書淵海』（『中国日用類書集成』七）巻二十七笑談門の「女郎のおじ──嫖客を笑う──」（翠館姑夫）に、

昔のこと、ある大金持ちの商人が、遊郭に泊り込んで元手を失い、家に戻れなくなってしまった。女郎も同情して、そのまま住み込ませて下働きをさせた。


その後まもなく、また大商人を迎え入れた。宴席でこの大商人が、この男は何者なのか尋ねると、女郎が、

「私のおじよ」

やがて酒が進み、聯句（二人が一句担当し、何人かで一首を作る詩）を作ることになると、やりて婆が、

「しなやかな指で玉壺を捧ぐ」

女郎が、

「南海の観音さまより美しい」

大商人が、

「世間様からうらやまれるが、明年わしもおじになる」


第九六条の笑話「女郎買いの戒め」の夜回りの誕生のことと、第一一六条の「搭拉酥」の宴席の聯句の場面の趣向

とが、この「女郎のおじ」を原話にしている趣があって面白い。

次の笑話も遊郭に身を持ち崩して、幇間になった男の話だが、変にやさしいやりて婆が登場し、恵んでくれたのが紙のズボンというのが目に付く。これも清の小石道人の編纂だが、こちらは『嘻談録』巻下（時代文芸出版社『中国歴代笑話集成』第三巻所収）に収めるものである。

紙のズボン（紙糊褲子）

都の人が田舎の女郎買いを好み、気に入って家に帰らず、資財を使い尽くしてしまい、衣食にも困り、ついには娼家に転がり込んで、幇間になってしまった。やりて婆は男が金を沢山使ってくれたことを考えると、追い出すに忍びなかった。それに寒い時節で年を越す衣服もないのを見て、

「そんなぼろを着ているのなら、どうして城内の親戚や友人に助けてもらって、ましな衣服を着ないの」

と言うと、

「おれのざまを見てくれよ。ズボンさえないのだから、どの面さげて城内へ行けるかい」

と言うので、

「皮紙を張り合わせてズボンを作ってはけば、いいじゃないの」

と言ったら、男は納得した。やりて婆が皮紙をズボン用に裁断し、のりでうまく張り合わせ、はかせてやって、送り出した。

その女郎屋は城内からかなり離れていて、途中まで行くと大便を催した。男はあわてて、はいていたのは紙のズボンだったから、大便ができない。脱いで用をたして、終わったらはこうと、いそいで脱いで、煉瓦で押さえておいた。ところが、とつぜん風が吹いて、紙のズボンを天高く吹き上げてしまった。男は天を仰いでため息つ

いて、

「ズボンが天に吹き上げられてしまったから、どうして城内へ行かれようか。しようがないから女郎屋に戻ってから考えよう」

と言いつつ、素肌のまま戻った。

着いてみると、外の門が半開きになっていて、部屋が閉していたので、客が来ているのがわかった。金もないのに、貧乏人根性なのに、欲望がまた起きて、そおーっと窓の下まで忍び寄って耳をすました。そのとき室内ではちょうど事の最中で、女郎が、

「旦那さん、気持いい」

「ああ、気持いいよ」

「一体、どのくらい気持ちいいの」

「あんまり気持がよくて、雲の上まで行ったようだ」

窓の外から盗み聞きしていた男は、自分がしていることも忘れて、外から窓を叩き、

「旦那、旦那、雲の上までおいでになったら、あっしの紙のズボンが見えませんか」

訳文中の「皮紙」は、「クワ・コウゾの樹皮やタケノコの皮などで作る丈夫な紙。雨傘などに用いられる」(『中国語大辞典』、角川書店)と説明されている。明末に刊行された宋応星の『天工開物』の中巻十三に皮紙の製法があるが、衣服に利用することは書かれていない。元の周密『武林旧事』巻六「遊手」の条に、臨安(杭州)では悪い商売人がいて、「商品には偽物が横行しており、紙で衣服を作ったり、銅や鉛で金銀を作ったり、土や木で香薬を作ったりして、にせもの作りの技術は神業のようで、かれらを白日賊と称した」という。これが、明の田汝成『西湖遊覧志余』

の「委巷叢談」巻二五に引かれていて、そこでは、「白日賊」を「白日鬼」に作っているが、同じ意味である。

古く唐の大暦年間（七六六―七七九）に、苦行と称して常に紙製の衣を着用し、「紙衣禅師」とあがめられて、代宗の禁中にまで出入りを許された僧がいた。しかしこれがくわせもので、後に禁中の金仏を盗んだことが発覚して、死刑の判決を受けた（『太平広記』巻二八九「紙衣師」、引『辯疑志』）。

この話などからすると、紙の衣服があったにしても、まともな衣服とは扱われていなかったことが知られる。だが日本ではかなり情況が異なっていた。浅井了意（?）『浮世物語』巻一、井原西鶴『好色二代男』巻七、『日本永代蔵』巻二・三・五、『世間胸算用』巻一・二、夜食時分『好色敗毒散』巻三、江島其磧『風流曲三味線』巻二など諸処に、「紙子」として見られる。貧乏人が衣服に事欠いて、やむなく着る代用品の場合が多かったようだか、なかには通人が着て、得意になっていたこともあったらしい（芝全交『時花《はやり》兮《やす》鶸茶《ひちゃ》蘇我《そが》』〈社会思想社、教養文庫1037『江戸の戯作絵本』一所収〉四、注十、宇田敏彦施注）。そこには、紙そのものの性質や性能の違いが、背景として存在していたこともあったようだ。

【九七】書信を寄せるのは、檄を発して金を催促しているのだ、頭巾や扇子を贈るのは、エビで鯛を釣ろうとしているのだ。

〔原注〕書信を寄せるのは、書信を寄せること自体が目的なのではなくて、金を催促するのが目的なのだ。頭巾や扇子を贈るのは、頭巾や扇子を贈ること自体が目的なのではなくて、金をせしめるのが目的なのだ。

〔訳者注〕この条項は「娼妓述」にも見える。和刻本『開巻一笑』の『風月機関』釈義には、「引玉之磚――玉ヲツリ出サン手サシニ磚ヲ抛ツナリ。此邦俗ニ、麦飯デ鯛ヲ釣ルト云ガ如キコトバナリ」。『青楼韻語』の注に、「手紙も品物も、麗人から贈られたとあっては、貴重に思われて、返礼をしないではいられない」（一字一物、出自麗人、便覺珍重。敢不圖報也）。

【九八】情のないものは、日ごとに近づいても、親密にならない。情のあるものは、日ごとに遠くなっても、疎遠にならない。

〔原注〕〝日ごとに近づけば、日ごとに親しくなり、日ごとに遠ざかれば、日ごとに疎くなる〟のが世態の人情で、通論である。だが薄倖の人は、日ごとに近づいても、親密にならず、有情の客は、たとえ日ごとに遠くなっても疎遠にならない。

【九九】客に交わること千人なるも、みなかりそめ。情の一人にあるこそ、真にこれあるなり。

〔原注〕妓女の接する客が一人だけでなく、嫖客の通う妓家が一軒だけでないのは実情である。たいてい妓女は色で客に仕え、千人と接しようとも、接待でしかないのだ。そうでなかったら、生活できないのだ。気が合った人や、気に入った客がいたら、体は別の客と寝ていようと、心はその人に寄り添うものである。ことわざに〝客に接すること千人なるも、情は一人にあるのみ〟というのも道理である。

〔訳者注〕『青楼韻語』の注に、「薄利多売方式だ」（廣種薄收之法）。

【一〇〇】妓女に嫁娶を期待している人がいるのに、それに気づかないで金をつぎ込むと、土塀の割れ目に金を捨てるようなものだ。こちらに剪や焼をした仲の妓女がいるのに、それに気付かない妓女がいたら、こちらのために尽くしてくれても、双六の坫垓（未詳）するようなものだ。

〔原注〕妓女にすでに嫁娶を期待している深い仲の人がいるのに、それに気付かないと、金を使っても、土塀の割れ目に金を捨てるようなものだ。こちらに深い仲の妓女がいて剪や焼をしているのに、妓女がそれに気付かないと、いくら尽くしてくれても、双六の（以下難解）……。

〔訳者注〕『青楼韻語』の注に、「男も女も機微を知るべきで、もし迷って気が付かないと、被害が小さくない。男の方がとくに迷いやすい」（各要知機、倘迷而不悟、受害不淺。男子更易着迷）。


【一〇一】久しく心を寄せても、なじまないのは、捨てられたことがあるからだ。遊び始めたばかりで、すぐ言いなりになるのは、恐らく本心からではないだろう。

〔原注〕女遊びは、心を寄せてやることが先である。心を寄せてやらなかったら、馴染みようがない。だが、久しく心を寄せてもなじまないのは、きっと捨てられたことがあるからだ。遊び始めたばかりで、すぐ言いなりになるのは、恐らく本心からではないだろう。


【一〇二】多情の嫖客はしきりに会いに来るが、薄情の嫖客はめったに会いに来ない。

〔原注〕多情の嫖客は足繁く努力してやって来て、必ずしきりに顔を合わせる。薄情の殿御はその気もなく、用があると言って、めったに会いに来ない。

〔訳者注〕『青楼韻語』の注に、「妓女が客を選ぶだけでなくて、客もまた妓女を選ばざるべからず」（不但妓擇客、客亦不可不擇妓）。

【一〇三】別離と会合は避けられない。別離の憂いは共に悲しみ、会合の笑いは共に歓べ。妓女の要求は限りがないが、少ないときには与えてやり、多いときには許諾だけにしておけ。

〔原注〕別離が近づいたら、悲しむものだし、会合が近づけば、笑うもの。彼女が悲しめば我もめそめそ。彼女が笑えば我もにこにこ。女郎買いには財貨が先立つ。欲張り者に出会ったら、その要求は限りない。少ないときには与えてやり、多いときには許諾だけにしておくのが、いい方法である。

〔訳者注〕竹渓主人編『風流情書合集』（『中国娼妓史料　青楼韻語　風流韻語』所収。万暦四十六年、坦然生の序がある）巻二の「陶生復雲仙書」は、杭州の妓女謝雲仙が、馴染み客の陶如圭に書簡を送っておねだりをしたのに対する返書である。雲仙がねだったのは、脂粉・香嚢・紈扇（練り絹の扇子）・羅帯（絹帯）・玉簪の五種で、いずれもさほど高価なものでなかったので如圭は、すべて与えた。その箇所に南陽居士の評があり、「『風月機関』に、〝妓女が物を求めたら、多ければ許諾だけにし、少なければ与えよ〟とある。これは求めに必ず応じたら、……（二字不明）。もし真珠・珊瑚・瑪瑙などを求められたら、困惑するところだった。如圭の応対は嫖経を熟知していると言えよう」（風月機關云、姐兒索物、多則許之、少則與。此有求必應、不□□也。倘爾索珠、索珊瑚、索瑪瑙、能無難色乎。余謂此生頗熟於嫖經者）。

【一〇四】実言を咄嗟の間に探知し、虚意を日常の間に察知せよ。

〔原注〕妓女の言葉の真意を求めるなら、咄嗟の間にせよ。突然問いただしたら、準備がなくて、きっと無心に答えるから、真意が得られる。情の虚実は逆探知しがたいものだから、常平生用心して観察し、注意して究明することが肝要で、長く続ければ自然と明らかになる。

〔訳者注〕『嫖賭機関』上巻機関条目一百八の第六〇に、「嫖客の情の厚薄は、一時的ではなく、長期的に窺え。妓女の情の真偽は、意識的な行為の中ではなく、咄嗟の間に観察せよ。〔注〕厚薄は普段に見られ、真偽は咄嗟に知られる」（窺子弟之厚薄、不於其暫而於其久。察姉妹之眞僞、不觀其勉而觀其忽。〔注〕厚與薄、日久見人心。眞與僞、卽忽知其槩）。『青楼韻語』の注に、「不意の言葉に、虚実がたちどころに現れる」（出其不意、虛實立見）。

【一〇五】王と会いながら趙を見るのも憎いが、李と寝ながら張を呼ぶのもけしからん。

〔原注〕客選びに慣れて、口では引き留めながら、心はその逆、談笑の間に口はこちらに応じながら、目はあちらを見る女がいるが、心ここになく、聴けども聞こえず、というのがこれだ。妓女が客を取るのは、自分の自由にならない場合が多く、やりて婆が恐くて逆らえず、無理にその客を取り、自分の願望は求めない。枕席の間でも間違って（?）意中の人の名を呼んでしまう。これが李と寝ながら張を呼ぶことである。

〔訳者注〕『一事不求人』（京都大学附属図書館谷村文庫蔵）本の注では、「これは妓女が人を選んだり、人を思ったりする場合に、二つの形があるということである。女郎買いに来る客は、必ず友人を連れてくるから、いい男がいると、妓女は談笑の間に口はこちらに応じながら、目はあちらを見ていて、これが王と会いながら趙を見るの意味である。また妓女に心を知った人がいると、枕席で趙と寝ながら、寝覚めて李四の名を呼んだりする。これは情が集まったためで、李と寝ながら趙を呼ぶの意味である」（此言妓者擇人想人之狀有此二端。蓋客來嫖、必携朋友同往、中間有俊俏者、妓女于言談之際、口應于此、目視于彼、是爲對王面趙也。又妓者有知心人、縱枕蓆之上與張雲雨、却夢魂驚覺、又呼李四之名矣。此情有所鐘故也）。和刻本『開巻一笑』の『風月機関』釈義に、「形此ニアツテ心彼ニアルヲ、王ニ對シ趙ニ向ト云フ」「抱李―衾枕ノ際、失ニ情人ノ名ヲ呼、是ヲ李ヲ抱キ張ヲ呼ト謂フ」。

〔補注〕『全明散曲』第三冊、薛論道〔南仙呂入双調玉抱肚〕「烟花」第六首に、
花柳の世界は悪辣で、真情・真意とかと言うけれど、枕並べているときも、心の中は別の人。みんなが真心求めても、心が分割できるのか（烟花最狠、説甚麼情眞意眞。枕兒邊陪伴新郎、心兒裡另是別人。人人都要討眞心、一箇眞心幾處分）。

【一〇六】友人のために心を込めて使者となり、花のために牽引して東風に嫁せしむ。

〔原注〕経典に撮合山があり、道経に黄婆がある。女郎買いに馬不六があり、俗に撺馬という。〝君子は人の美をなさしむるあり〟というけれど、識者の多くは撺馬を軽蔑する。百花から採集して蜜を得ても、結局苦労ばかりで、おいしい蜜は誰が食べるのか。滑稽なことだ。

〔訳者注〕撮合山は男女の仲の取持や、その取持をする人、馬不六は馬泊六とも書き、同じ意味に使われる。黄婆は道教の煉丹術の語だが、これもやはり同じ意味にも使われる。『論語』顔淵篇に、「君子は人の美を成さしむ」、『文林聚寶』本の注に、「友人のために妓女に接するのを牽馬という」とある。『青楼韻語』の注に、「この人は取持に専一で、見下げたやつだ」（此人専一撮合可鄙）。


【一〇七】短期の別離にも情の疎遠になるのが恐い。長期の別離なら心変わりがなお恐い。

〔原注〕近日間の別離でも、情の疎遠なるのがとりわけ恐いもの。長期の別れには心変わりが避けられない。〝日に遠ければ日に疎し〟によるものだ。

〔訳者注〕『青楼韻語』の注に、「つかの間の別れでも、あやしいのだから、〝たとえ死んでも〟と証文を書いても、

役に立たない」（轉眼就可疑、便畫一死字也沒幹）。

【一〇八】日の沈むのが遅いと恨んで客の意を満たし、鶏の鳴くのが早いと恨んで客の心を誘う。

〔原注〕妓女が、客と会う約束をして、日が速く暮れるのを求めたり、客と寝て夜が速く明けるのを恨んだりするのは、どちらも客の心を誘うためである。情があるからだと思い込んではならぬ。

〔訳者注〕『青楼韻語』の注に、「枕を交わして人の心を捕らえるのは、うまい手だ」（枕邊捉人、自是良法）。

【一〇九】うそでたらめを言うのは、やむを得ずにすることである。誓いを立てたり香を焚いたりするのは、その自由にさせてやるがよい。

〔原注〕いい加減なことを言い、根拠のないでたらめを言うのは、遊郭で染みつき習慣となってしまったものなのだ。妓女の情が深くなっても、誓いを立て香を焚くのは、決して強制してはいけない。強制すれば心を苦しめる。本人の自由に任せて、従ってやるのが巧妙なやりかただ。

〔訳者注〕和刻本『風月機関』釈義に、「迂言――迂闊ノ話ヲ說、無形ノ謊ヲ談ルハ、己ガ工メルコトニアラズ。門戸中ノ習ナレバ、咎ムルコトナカレ。誓ヲ發シ、香疤ヲ焼ノ類、此ヲ强ベカラズ。强レバ本心ナラネドモ、是ヲナス益ナシ。其自然ニマカスベシ」。『青楼韻語』の注に、「妓女のうそに気づき、誓いを立てたり、香を焚いたりしても、どのみち一つのうそでしかないのだから、許してやればいいのだ」（即察其虛、既誓拈香、總一虛也。聽之而已）。この条の「香を焚く」は、原文「拈香」で、神仏に捧げる焼香のことである。

【一一〇】おおよそ意識的にするのは、結局虚構である。無言の境地に至ってこそ、妙境である。

〔原注〕嫖客と妓女が態度に表すのは、形にとらわれているもので、論ずるに足らない。女郎買いを始めたばかりの人は、気持ちが偽物であるが、時間がたつと情が親密になり、満足な境地に至り、さながら夫婦の日常生活のように、無言の妙境に立ち至る。

〔訳者注〕本条の原注は『妙錦萬寶全書』本によった。


【一一一】眉と目では秋波を送っているが、口と心でははっきりと反している。

〔原注〕秋波を送って、情を惹いても、口は是とし心は非で、はっきりと異なっている。

〔訳者注〕『青楼韻語』の注に、「多数の客に応ずることもできない」（也應不得許多）。

第十二章　遊郭事情あれこれ

【一一二】髪が洗いたてだと、さっきまで寝ていて起きたばかりと思われる。料理が並べられていると、今から客を迎えるところと知られる。

〔原注〕妓女が髪を洗って装いを新たにすると、さっきまで客と寝ていて起きたばかりだ。料理が並べられていると、今から客を迎えて酒を飲むところだ。

〔訳者注〕『青楼韻語』の注に、「このような状態は、だれしも理解できる」（此態人人能識）。

【一一三】動作が異常なときには、気に入らないことがあるに違いない。精神的に不安定なときには、意中の人が来るのだろう。

〔原注〕妓女が客を接待するときに、立ったりすわったりして異常だと、気に入らないことがあるに違いない。おろおろして落ち着きがないと、たぶん意中の人が来るのだろう。

〔訳者注〕『嫖賭機関』上巻機関条目一百八の第五七に、「動作に落ち着きがないときには、必ずいい人が外に来ているのだ。茫然としているときには、きっと気になることがあるのだ。〔注〕出たり入ったりするのは、外に誰かいるのだ。茫然としているのは、気がかりなことがあるのだ」（坐立不寧、必有好人在外。精神恍惚、定有他事横心。〔注〕走進走出、外面有人。出神出鬼、心中有事）。

『青楼韻語』の注に、「心を知る人だけが心の中を理解できるのだが、それでも傾聴べきだ」（唯知心人能識心事、然須聴之）。

【一一四】（原本欠）

〔訳者注〕原本にはこの条がなく、『青楼韻語』の注に、「こんな事はありえない。タイムリーによしみを結べは、遺珠なくてすむだろう。〔注〕原本には注だけで経がない。ここではその旧状に従った」（決無此事。及時交好、庶無遺珠。〔注〕原本有注無經、今仍其舊）。

【一一五】他家の下男が突然現れたら、情報を探りに来たと知れ。客の使用人がしばしば現れたら、間違いなく呼びに来たのだ。

〔原注〕客と相対しているときや、宴会の最中に、他家の下男があたふたとやって来たら、客の情人がスパイを寄こして、情報を探らせているに違いない。客の家の者がしばしば現れて、向かい合って無言で立っていたら、きっと何かあって呼びに来たのだ。

〔訳者注〕中国娼妓史料本『青楼韻語』には、「官僚の身分だと、こんなことがさらに多くなる」（於官身更饒此況）。

【一一六】眉をひそめて笑うのは、みな真情からでない。目をこすって悲しむのは、本心からでない。

〔原注〕両眉をひそめるのは、心配事にもとづくから、無理に笑顔をするのは、本心を曲げるものだ。心を痛めるほどのことでないのに、涙を流して目をこするのも、本心からでない。

〔訳者注〕中国娼妓史料本『青楼韻語』に、「悲歓ともにあてにならない」(悲歡總不足憑)。

〔補注〕元・無名氏「冤家債主」雑劇第二折に、乞僧が弟の福僧の浪費を心配して死んだときに、福僧の悪友柳隆卿が福僧に、嘘泣きをして涙を流す方法を教え、生薑汁に浸したハンカチの角で目をぬぐえば、涙が小便のように流れ出てくると言う。前掲第三五条の「哭」の項にも、『金雲翹伝』巻二第十回にやりて婆の秀媽が、翹児(金雲翹)に妓女の日常的応対法八方の第一法を教える場面で、すり下ろした生薑をハンカチに染みこませておいて目をこすれば、涙が泉のようにわき出てくると教えている。清末・虫天子編『香艶叢書』五集巻四の清・孫檽『餘墨偶談節録』の「薄荷油」には、広東・広西では薄荷油を染みこませたハンカチで目を押さえて涙を流すという。

また清末の小石道人編『嘻談録』(時代文芸出版社『中国歴代笑話集成』第三巻所収)巻下の笑話「搭拉酥」には、たばこで目をこするという。

すこぶる美人の妓女がいた。人々から「挨挨酥《あいあいすー》」と呼ばれていた。ある嫖客が財を軽んじ色を重んじて、千金を携えてこの女を買った。女はその財貨を貪り、あらゆる手を尽くして、愛している振りをし、従良(身請け)まで約束した。男は溺愛してしまって、派手に金を使い、なくなりそうになった。と、そこへ家から手紙が届けられて、早く戻って来いとあった。女それを知るとベッドに臥して痛哭し、別れがたい様子をした。男はいよいよ迷わされ、ついに無一文になってしまった。そのとき男がつらつら思うには、おれが別れると言うと女はすぐに泣き、泣くと目を赤くして涙を流すが、どうしてこんなに早くできるのだろうか。きっと、なにか訳があるのではないか。

女が部屋を出たすきに、くまなく探しても、別になにも見つからなかったが、ただベッドの布団の下に紙包みがあった。開けてみると外国たばこが出てきた。女が泣いたふりをするときに、これで目をこすったのだ。男は鍋の煤と取り替えておいた。女が来たときに、偽っておまえと別れると言うと、女は今度もベッドに臥して、鍋の煤で目をこすって、両目を真っ黒にした。男が、

「おれに銭があると、おまえは赤い顔で相手をしてくれるが、銭がなくなると、黒目でおれを見る」

と言ったので、間違えたのに気付き、あわてて洗い、脂粉を厚く塗り直し、髪を整えると、以前にもまして美しかった。

男はいよいよ惑わされてしまい、改心できず、

「おれは今では千金もすっかりなくなった。おまえは以前おれに嫁ぐと言ったのに、なぜすぐに結婚できないのか」

「これはどうしても、おかあさんに相談しなくてはならないわ」

と言い、やりて婆に相談すると、

「いいわよ。でも家はおまえ一人に頼っているのだから、もう一年働いてもらわなくてはね」

男はそれを聞くと、帰ろうにも女と別れられないし、居続けようにも金がなくて、困ってしまった。女が、

「大丈夫よ。しばらくここで働いて、客が来たらわたしはその相手をするけど、客が居なくなったら、あなたと寝るわ。従良と同じじゃないか」

と言うので承諾した。女が、

「家にいたいなら、名前を変えなくてはいけないわ。わたしたち夫婦になったのですから、わたしが〝挨挨《あいあい》酥《すー》〟なので、あなたは〝搭拉酥《たらすー》〟がいいわ」

かくして男は、最初は嫖（女郎を買う）で、次いで撈（女郎屋で働く）、最後は緑の道袍（女郎屋の下男の衣服を着る）

となった。

ある日のこと若旦那が、万金を携えて遊びに来た。女は旧きを捨て新しきを迎え、サービスの限りを尽くし、搭拉酥も優雅鄭重にお仕えした。若旦那はその穏和な態度を見て相手をさせた。若旦那が、

「今日はまず、聯句を作って酒令（酒席の余興）としようじゃないか。わしがまず第一句を」と、

「そなたは希な絶世の美人」

妓女が、

「わたしらみんなあなたに頼る」

男が、

「万金尽くすも惜くはないぞ」

若旦那が、

「来年搭拉酥が対になる」

姚霊犀『瓶外卮言』の金瓶小札の「大辣酥」に、「大は打・韃にも作り、蒙古語で酒を韃辣酥という」とある。搭拉酥もこれであろう。挨挨酥については分からない。

日本では、無名氏『吉原鑑』（万治三年＝一六六〇刊。『吉原風俗資料』所収）「柚の露」に、

……又寐《とこ》のうちにてもくぜついたし何かとむりを云時《いふとき》は、ひたとなき〳〵ことはり申せば、男むりゆえ、心なをると見《み》えたり。そのためにけいせいは、ふだんきる物のゑりに、めうばんをたしなむ也、涙《なみだ》のほしき時は、めうばんをめにさし侍《はべ》る。

【一一七】曹子建のごとき才を誇れるのは片時だけ、鄧通のごとき財は一日とてもなければならぬ（曹子建のごとき才は片時誇れるだけのもの。鄧通のごとき財は片時も欠けてはならぬもの）。

〔原注〕曹植は字は子建、七歩で文章を作った才子である。女郎買いでは詩文の才は片時誇れるだけの意にたとえられる。鄧通は銅山を所有して銭を鋳造したので、銭鈔にたとえられる。遊郭では一日（片時）とてないわけにいかない。

〔訳者注〕曹植の七歩詩のことは、『世説新語』巻二文学第四、『蒙求』「陳思七歩」にある。鄧通は漢の文帝の時の人。『史記』巻一二五、『漢書』巻九十三に伝がある。『蒙求』に「鄧通銅山」がある。和刻本『開巻一笑』の『風月機関』釈義に、「子建ガ如ク、七歩章ヲ成ノ才アリトイヘドモ、只片時誇ルベキニ足ル。若一日モ鄧通ノ錢貨無トキハ、居ルコト能ハズ。是至言ナリ。風月ニ限テ言ンヤ」。中国娼妓史料本『青楼韻語』には、「子建のごとき才があっても、遊郭では役に立たない。鄧通の銭と比べることはなかろう」（卽有子建才、他家用不着。何敢與鄧通錢較勝負也）。

〔補注〕金が尽きれば追い出されるのが遊郭の常識で、実家の家柄も、まして詩文の才能も関係がなかった。『繡襦記』では、無一文になった鄭元和が追い出された後、李亜仙がやりて婆の李大媽に抗議するが、相手にされなかった。第二十齣に、

〔李亜仙うた〕　あのかたは経綸の才ある優れた秀才。
〔李大媽せりふ〕　うちらのような家では、ほしいのはお金だけ。立派な秀才も、馬鹿な秀才も関係ない。金さえあれば、乞食でさえもお客様。金がなければ、貴公子さまも関係ない。
〔李亜仙うた〕　あのかたは偶然花柳の巷に落込んで、あなたの地獄に落ちたのよ。
〔李大媽せりふ〕　あのひとは自分で金を無くしたわ。どうしてわたしが地獄に落したと言うの。

〔李亜仙せりふ〕　かあさんは、わたしが嫁ぐのを許したわ。
〔李大媽せりふ〕　それはあのひとにお金があったときの話よ。
〔李亜仙せりふ〕　ああ、鄭さま。〔うた〕　生前に交わした愛の約束を裏切り、夢の中で飲んだ固めの杯も空しくなりました。〔せりふ〕　今日あのかたに二箇所を無駄に探させた。〔うた〕　痛ましや、あのかたを道窮まりて哭き、雄志を失わせしめたるは。きっと容姿衰え見捨てられ、秋の水辺の蓮の花、春風吹かぬを怨まざるよう。
〔李大媽せりふ〕　こうなっては、おまえが泣いても無駄なこと。泣くのはお止め。
〔賈二媽うた〕　春風吹かぬを怨まずに、恋しい思いが胸いっぱいに充ちたのは、恋人探す健歩が疲れたのでなくて、胸中に七歩の才しかないからだ。
〔李大媽せりふ〕　七歩の才と言うなかれ、八歩の才でも無理だろう。
「七歩の才」は、七歩あるくだけの短時間で詩が作れる優れた才能のことだから、それより劣る「八歩の才でも不可能だ」というのは滑稽で、やりて婆を描いて面白い。
『全明散曲』第一冊、陳鐸〔南中呂駐馬聽〕「花柳界を嘲笑する」（嘲風月）三首の第二首に、
満腹の才学も、花柳の巷で役には立たぬ。千客万来、夕方送って朝方迎え、米も薪もたっぷりたまる。賢いにいさんなめてかかるな、〝文無しハンサム役には立たぬ〟（この句七字難解、訳は当て推量）。風流の巣窟に、出入りするのは熊さん八つぁん（滿腹才學、風月場中用不著。人來客往、暮送朝迎。米長柴高。聰明子弟莫閒嘲、常言難使無錢俏。錦繡窩巢、李郎不到張郎到）。
同第三冊、薛論道〔南仙呂入双調玉抱肚〕「花柳界」（烟花）八首の第五首に、

花柳の世界の客人は、八つぁん熊さん誰でもいい。歓迎するのは金塊・銀塊、役に立ぬは満腹の文章。金さえあれば言葉は甘く、お金がないと怖い顔（?）する（烟花情況、説甚麽張郎李郎。愛的是大塊金銀、用不着滿腹文章。終朝有鈔口如糖、一日無錢面帶霜）。

清の華広生の編になる『白雪遺音』巻二「秀才の女郎買い」（秀才嫖）二首に、

門を入ると手を握り、ぼくは秀才、泊めてくれるか。泊めてくれたら、名文章で色恋綴り、心を語り、思いの丈を書きましょう。情書を書いて欲しいなら、即刻書いて進ぜよう。お金が欲しいと言うのなら、訴状を書いて、謝礼がくるまで待ってくれ。お金が欲しいと言うのなら、試験の替え玉引き受けて、謝礼がくるまで待ってくれ。（進得門來把手捏、我是箇秀才、你接也不接。接了我、錦繡文章與你談風月、講知心、知疼知冷又知熱。要甚麽情書、立刻就寫。要銀錢、等我包攬着詞訟將你謝。要銀錢、等我包攬着鎗手把你謝）。

佳人が聞いて笑いだし、秀才さまなら、来ないでよ。女郎買いに来るからは、銭なり札なりもっといで。花柳の巷で、文章論じ、道学語る馬鹿ものいない。わたしゃ、試験の監督でない。わたしゃ、試験の監督でない。（佳人聽説抿嘴笑。既是個秀才不該來嫖。既來嫖、或是錢來或是鈔。風月中、誰人與你瞎胡鬧、講甚麽文章、論甚麽道學。奴不是、御筆親點的提學道。奴不是、御筆親點的提學道）。

【一一八】黒頭鴇子（黒い頭のやり手婆）は余計なことばかりし、黄面佳人（黄色い顔の佳人）はとりわけ無情だ。

〔原注〕中年の妓女で、女を抱えて客を取らせるのを、俗に黒頭鴇子という。賢さを誇り美しさを売って、客を接待するのだが、整然として隙がなく、全てにルールがある。これに出会ったらくれぐれも防備するように。妓女の中にはもともと好色で、ひどく欲張りで、顔が黄色くなった者がいる。日が暮れると淫を求め、夜が明けると銭（『五車拔

錦』本は「鈔」、『萬用正宗不求人』本は「銭」に作る。これによった――小川）を求める。こんなのと親しくしたら毒手にやられる。

〔訳者注〕中国娼妓史料本『青楼韻語』の注には、「この人相占いはうまい」（好相法）。

【一一九】女郎買いは三代にわたるが、女の盛りは一人わずかに十年。

〔原注〕女郎買いは淫欲の所産である。最初は母親を買い、次にその娘を買い、その次に孫を買う。たいてい妓家では、実の娘はすこぶる希だからである。人倫にもとると責めるものがいたら、その道の人とはいえない。女の美貌・盛容は、春の花のようで、壮麗ではあるが長続きしない。昔から〝女子は二七にして天癸（月経）至る〟といい、これで初めて血気が備わり、容姿・顔色が盛んになる。だが十四歳から二十四歳までのわずか十年である。これを過ぎると「下橋」という。

〔訳者注〕上海同永印局本『青楼韻語』には、本文も注もないが、中国娼妓史料本『青楼韻語』の注には、「三代にわたるとは、妓家の母女三代にわたって買うことである。礼儀を重んずるものは、決してこんなことはしない。タイムリーに買えば、逸物を残さないですむだろう」（親三代者、與妓家母女三代交也。有體面者、決無此事。及時交好、庶無遺珠）。明清・余懐『板橋雑記』上巻には本文に、「遊郭の妓女には実の娘が多い」（曲中女郎多親生之女）とあるが、岩城秀夫氏の注一六「仮母」（『板橋雑記・蘇州画舫録』平凡社・東洋文庫29）に唐の孫棨『北里誌』「妓之母、多假母也」を引いて、妓女の多くは実の娘でないという。「下橋」は、最盛を過ぎた時期、晩年。清末・邗上蒙人『風月夢』第二十回に「人老花殘下橋的時候」（年老い花びら散り残った晩年のとき）という。

〔補注〕『全明散曲』第二冊、馮惟敏〔北双調仙子歩蟾宮〕「十劣」十一首の第七首「盛りを過ぎる」（下橋）に、

〔大意〕まん丸だった月が傾き、あでやかだった秋が去り、香しい花が色あせて、追い風に乗る帆掛け船、坂道下る車のよう。昔の馴染みも情絶えて、……（原文の第六句難解。盛りを過ぎた妓女のことか）やりて婆の空きを探して、身を忘八（妓院の親方）の仲間に委ねる。身を忘八の仲間にしたら、かつての色恋、派手な暮らしを言うなかれ。手をこまぬいてぼんやりと、小さい声でへりくだり、口もきかずに馬鹿のふり。あれは盛りの歓楽時代、いまは終わりの愁嘆場。雲雨の情（色恋）も尽き果てて、出会のときさえありませぬ。再度もし雲雨のことがあるならば、ただもう夢の中のこと（剛團圓一片月兒斜、正豔冶三秋様兒別。恰芳菲幾朶花兒謝、順風船下坂車。舊人兒見了情絶、猱着頭姐兒的火者。眵着眼鴇兒的候缺、放倒身撅兒的幫貼。放倒身撅兒的幫貼、再休提幼小風流、美滿驕奢。俺則索袖手埋頭、低聲下氣、做啞粧呆。他正是宜時風化雪月、俺落得末脚兒感嘆傷嗟。雨散雲歇、瓶墜簪折。若能勾再到陽臺、除非是夢裏蝴蝶）。

清・徐震の『美人譜』（『香艶叢書』一集巻一）に、

美人の艶麗は、十三四歳から二十三歳までの、十年間だけである。顔色が咲いたばかりの花のように、芳菲妖艶なのは、この時期だけなのだ。これを過ぎたら、満開の花のごとく、咲き誇ってはいても、すぐ後に凋落が忍び寄っている。だが世間には半老の佳人を慕って、その良さを理解するものがいて、愛すべき点があるにはある。しかし香り消え色あせて、ついには花がしぼんで散った後のように、哀れな姿を残すだけになる。

【一二〇】人の交遊は一様だが、情の形状は同じでない。

〔原注〕情の有り様は、外形的な交遊で議論すべきでない。

〔訳者注〕この条は『青楼韻語』にだけ収められているもので、本文・原注ともに簡略すぎて、意図がよく分からない。

【一一一】老顔の嫖客は世間でよく聞くが、白髪の妓女は世間であまり見かけない。

〔原注〕俗諺に、〝七十歳の嫖客はいるが、七十歳の妓女はいない〟という。

〔訳者注〕『青楼韻語』の注に、「言うまでもないことだ」（這不必説）。

【一一二】無味乾燥な酒令を探し出して酒仇を報じ、真情だと思い込んで嫖縛に陥る。

〔原注〕嫖客は酒席で、自分の聡明さや、富豪ぶりを自慢したがるものである。酒を勧め、無味乾燥な酒令を探し出して罰を科する興ざましな友人がいるものだ。これを報酒仇（酒席の仇を報いる）という。女郎買いの気晴らしは囲碁に似ていて、最初は気晴らしで碁を始めるのだが、賭けて儲かると寝食を廃するようになり……（原文二字不鮮明）碁に縛られてしまう。一方、女郎買いも名利や俗事に拘束されて、片時を盗んで遊郭に遊んでいるうちに、深い仲になってしまい、ひたすら帰ろうとせず、剪髪・焼香したり、本気で嫉妬したりして、父母が止めさせようとしても止めず、友人が忠告しても反省しなくなる。これも嫖（女郎買い）に縛られたものである。

〔訳者注〕「酒令」は酒席を盛り上げるための遊び。古くから行われ、詩文を用いた文学的なものから、じゃんけんのようなものまで、多様であった。

『青楼韻語』の注に、「交際が浅いうちは、酒席で酒令の報復をやりあったりしているが、情人ができると杯の酒に〔情を？〕秘めたりよしみを通じたりする。ひたすら本気になってしまうと、嫖縛が自力では解けなくなる」（交淺則有酒席間報復、若有情人、正於杯酒相隱相代通好。一意認眞、自不可解）。

【一二三】名声が衆に抜きんでると見識が高くなり、顔色が人に及ばないと贈賄が癖になる。

〔原注〕名声が衆に抜きんでるのは、時の名妓である。交際するのは貴賓で、食事は珍味。綺羅を着ること木綿のごとく、銭鈔を見ること糞土のようで、見識はそのために高大になる。顔色が人に及ばないのは醜妓である。才能・容姿が劣っていて、花柳界に長くいても、物を贈ってくれる友や、情を惹き誘って交際してくれる人がいなくて、自分の方から物を贈らないと、入口にこけが生えてしまうのを自覚している。これも軍隊が敵兵を誘い寄せるために物をまく手である。

〔訳者注〕『青楼韻語』の注に、「名妓は名声ゆえに見識が高くなり、困窮の妓は贈賄せずにはすまない」（名妓不由不眼高、困妓不得不行賄）。


【一二四】よく誘ってくれると大事にされ、よく忠告してくれると疎まれる。

〔原注〕嫖客が遊郭に心を奪われて、妓女に好かれたいと思っているときに、誘って一緒に行ってくれる友人がいると、夢中でなにも分からなくなっているから、親切な人だと思い込む。逆に、罠にはまっているのを座視するに忍びず、忠告してくれる益友がいると、口では善意に感謝しながら、心では甚だ不満で、初めはそれでも「はい、はい」と言っているが、次からは避けるようになる。これがよく忠告すると疎遠になるということである。

〔訳者注〕の『青楼韻語』注に、「情の痴れ者になると、誘惑を歓迎し、忠告を敬遠し、ほとんどが罠を見抜けない」（爲情癡、則喜誘不喜勸、大抵識不破也）。

【一二五】ならずものの嫖客は常に四王と評され、若い妓女も五虎と称される。

〔原注〕やくざどもが本務に務めず、富翁のまねをしようと花街に遊びに来て、門を入るとすぐにわめき散らし、決まりに従わなず、大王が席に着いたばかりのよう。妓女を呼びつけ奴僕を怒鳴り散らして、覇王（項羽）のよう。酒を飲んで、目を細め顔を赤らめて、関王（関羽）のよう。宿銭が足りなく、影も形もなくなって、逃王のよう。大人になりたては、飲食に満腹できなくて餓虎だ。眠ったら西も東もわきまえなくて睡虎だ。衣服を脱いだら壁虎（やもり）だ。嫖客に銭をたかって蠅虎（はえとりぐも）だ。もう三年たったら老虎（とら・老いたとら）だ。

〔訳者注〕和刻本『開巻一笑』の『風月機関』釈義に、「四王――棍嫖四王ハ門ニ入リ來リテ、大呼小叫規矩ニ循ハズ。是大王ニ似タリ。纔坐ニ着テ、妓ヲ求メ、奴僕ヲ罵ルハ、覇王ニ似タリ。酒ヲ吃テ、眼細ク面赤キハ、是闘王ニ似タリ。宿錢ヲ少テヨリ影モマタ見ヘズ。是逃王ニ似タリ。是ヲ四王トス」「五虎―鄒妓ノ五虎ハ初テ妓トナリテ、飲食飽コトヲ知ズ。コレ餓虎ニ似タリ。睡臥スレバ、顚倒ヲ知ラズ。コレ睡虎ナリ。衣裳ヲ脱テ裸ニナレバ、是壁虎ニ似タリ。孤老ニ問テ錢ヲ要ルハ、是蠅虎ノ如シ。再ビ三年ヲ過テハ、就是老虎トナル。是五虎ノ稱ナリ。虎ヲ以號ルハ、恐ルベキモノナルニヤ」。『青楼韻語』の注に、「旧注はすこぶる俚俗なので、あっても論じなくてよい」（舊註頗俚、存而不論可也）というが、「旧注」とは日用類書所収本の注などを指すであろう。


【一二六】道家には傍門（非正道）があっても、理解できるが、色の道には正道すらなくて、理解しにくい。

〔原注〕道家では清浄無為を正となし、有為三千六百（多数の意）を傍門となすが、それらの意義は理解することができる。しかし、男が美妓を愛さずに醜妓を愛したり、女が富人を思慕せずに貧人を思慕するがごときは、色の道には正道すらなくて、理解しにくい。

〔訳者注〕この条は本文・注ともに底本にはない。『萬用正宗不求人』本によった。『青楼韻語』の注に、「人の好みは同じでないから、よるべき決まりなどないのだ」（人心好尚不同、有何成色可據）。

【一二七】焼と剪は頻繁に行うと、必ず過度になってしまい、いくら金があっても、きっと貧乏になる。

〔原注〕焼と剪は情人に出会えば、ままあることだが、頻繁に行えば、その人は必ず過度になってしまう。妓家は浪費の世界だから、不義の借金は必ず払わされる。いくら金があっても、きっと貧乏になる。

〔訳者注〕『青楼韻語』の注に、「これは堤防決壊のようなもので、勢いは迅速だから、当り前のことだと思え」（此隄〈堤〉一決、勢必奔潰、以視爲尋常耳）。

【一二八】手と口が一致できないと、愛を誓い合っても無駄である。性格・心情が合致しないと、交際してもやはり無意味である。

〔原注〕妓女の家は、衣食がかかっているのだから、嫖客がけちで、口では承諾しながら手から放さないと、永遠の愛を誓い合っても無駄である。男女の心情・性格が合致しないと、体面上やむなく、交際して日を重ねても、やはり無意味である。

〔訳者注〕の『青楼韻語』注に、「女郎買いをしてけちでは、誓いを求めることなど出来ない。けちではいけない。願望と行為が食い違っていては、意味がない」（嫖而慳吝、豈能要盟。不慳吝矣。心事各別、無益也）。

【一二九】嫖客の銭は糞土のごとく、妓女の情は鬼神のごとし。

〔原注〕嫖客が芸者遊びをして楽しむときや、音曲を愛でて錦を贈るときには、銭をばらまき〔惜まざる〕こと、糞土のごとくなれ。情の一語には形がなく、信じればあるし、信じなければなくて、鬼神のようだ。

〔訳者注〕鬼神は幽霊・神仙のこと。『青楼韻語』では、『風月機関』の「粉頭情若鬼神」に傍注を施して「真に祟がある」（眞禍祟）といい、両句に注して「鬼神は銭をほしがるだけだから、何百銭か余分に紙銭を焼いてやればよい」（鬼神不過要錢耳。多焼幾陌與他）という。妓女の方が恐ろしいという訳だ。

【一三〇】しきりに物を与えるのは、氷を運んで井戸を埋めようとするようなものだ。金を使わないで〔人の口封じをしようとするのは〕〝耳を覆って鈴を盗む〟ようなものだ。

〔原注〕愚かな人は、女遊びを身につけず、女に好かれようとして、しきりに物をあたえるが、これは氷を運んで井戸を埋めようとするようなもの。自分を利口者だと誇っているやつは、世事をご存じなく、人のうわさを恐れて、その口をふさごうと、女遊びにふけっているのに、〔口封じの〕金を使おうとしないのは、〝耳を覆って鈴を盗む〟ようなものだ。

〔訳者注〕『青楼韻語』の注に、「みだりに金をばらまくのと無駄な努力は、病気という点では同じだ」（撒漫與白闖、病則一般）。

〔補注〕『初刻拍案驚奇』巻二十五「趙司戸千里遺音、蘇小娟一詩正果」（趙司戸が千里の遠方で遺言し、蘇小娟が一詩を和して良縁を得たこと）の冒頭、入話の部分で娼家を論じて、やりて婆と親方は吸血鬼で道理をわきまえず、客の家産を傾け、名徳を失わせ、一命までも落させる。世間では、〝人を陥れる底なしの穴、雪を埋めても満たぬ井戸〟と評する、という。

読者のみなさま、娼家〔遊女・遊郭〕はいつから始まったのでしょうか。その起源は春秋時代にあります。斉の大夫の管仲が「女閭」〔遊郭の前身〕を七百箇所設置して、そこから「夜合の銭」を取り立てて軍事費に当てました。それが後世に伝えられて盛大になったのです。だが歌舞酒宴に侍り、歓談笑謔を求め、余興娯楽に従い、憂愁寂寞を除くのは、不可欠なことで、人を損なうものではありません。ところが〝酒ひとを酔わせざるに、人みずから酔い、色ひとを迷わせざるに、人みずから迷う〟ので、男女の愛歓が生れれば、恋に迷う人が現れます。恋に迷う人が現れれば、それを陥す罠が現れます。妓女は飛ぶ花びらのごとく定めなく、相手を取り替え、ために嫖客は魂を奪われ、余生を無駄にしてしまいます。やりて婆と遊郭の親方は血を吸って口をぬぐい、天の道理を無視し、結局家産を滅ぼし、名誉も徳も失い、身命ともに落されてしまいます。人はみな申します、娼妓の一家は〝人を陥れる底なしの穴、雪を埋めても満たされぬ井戸〟〔陥人無底之坑、塡雪不満之井〕と。

【一三一】賢くてきれいなのは、一向にむなしく過ごす日はなく、やぼで愚かなのは、常に暇なときばかり。

〔原注〕賢くてきれいなお姫様は、人が競い合い、張が帰るとすぐ李が来て、かごや馬が門に臨み、一向に暇な日がない。やぼで愚かな妓女は、みんなに憎まれ、いくら家々を巡り歩いても、留めてくれる人がいない。名こそ娼妓〔常妓〕だが、常に暇なときばかり。

【一三二】人物が醜いのに家産が豊かなのは、道理が十分にあるとはいえない。形容が美しいのに性情が愚かなのは、事理が十全だとはいえない。

〔原注〕人物が醜陋なのに、家産が豊かで、飲物がきちんとしており、料理が好くできていて、客の接待になにもか

も俗っぽさがない妓女がいる。これには道理が十分あるとはいえない。また、形容が美しいのに、性情が愚かで、言葉遣いにすこぶる魅力のない妓女がいる。これも事理が十全でないというものだ。

〔訳者注〕原注の「性情が愚かで、言葉遣いにすこぶる魅力のない」は『萬用正宗不求人』本、『妙錦萬寶全書』本、『文林聚寶』本によった。『青楼韻語』の注に、「旧注では妓女についてだけ言っているが、わしは嫖客でも同じだと思う」（舊註單屬妓說、予謂嫖客亦然）。

【一三三】百年の夫婦はあっても、一世の情人はない。

〔原注〕夫婦関係は五倫のひとつである。男には室、女には家があって、守ることを願い、離れることを厭い、水魚のごとく相和して、百年間寄り添うもの。情人は心情で求め合うに過ぎないものである。山や海さえ変動するのに、心情がいつまでも確固たることがあろうか。だから、百年の夫婦はあっても、一世の情人はない、というわけである。

〔訳者注〕「心情がいつまでも確固たることがあらうか」は、『萬用正宗不求人』本・『文林聚寶』本によった。

〔補注〕曲亭馬琴『照子池浮名写絵《かがみがいけうきなのうつしゑ》』（『叢書江戸文庫』33『馬琴草双紙集』所収）の冒頭に、

いにしへの人いへらく。百年の夫婦あり。一世の情人絶てなし。こは只《ただ》澆《ぎやう》漓《り》薄《はく》俗《ぞく》の。情状をいへるのみ。男女の離合は。神《かん》所為《わざ》歟《か》。皆是縁の有無による。もし偕老の天縁あらば。情人必夫婦とならん。

【一三四】借金を返済し終われば客はすぐ去り、因縁が尽きれば人は自然に離れる。

〔原注〕娼妓の家では、嫖客が妓女にひどく金を使うのを俗に、〝前世に借りがあって、返済し終われば去る〟という。また、嫖客と妓女が別れるのを、〝因縁が尽きる〟という。

〔訳者注〕『青楼韻語』の注に、「借金を返済し終わったら〝逗留する〟と言わずに〝去る〟と言うのはかわいそうだ。縁もあるだろうに」（填滿矣、不曰留而曰去、可憐也。縁亦有之）。

〔補注〕ここでは、因縁（原文は縁法）を、嫖客と妓女を結び付ける力としているが、明代の歌曲では、男女一般を結び付ける力としても使われている。明・馮夢龍の編纂になる『掛枝児』私部一巻「因縁」（縁法）、

　因縁あれば容姿容貌無関係。因縁あれば処女も非処女も無関係。因縁あれば銭金の有無無関係。縁さえあれば離れていても結ばれる。縁がなければ一緒にいても結ばれぬ。心の丈を尽くしたら、因縁も来て助けてくれる（有縁法那在容和貌。有縁法那在前後相交。有縁法那在銭和鈔。有縁千里會。無縁對面遙。用盡心機也、也要縁法來湊巧）。

同隙部五巻「縁が尽きる」（縁盡）に、

　因縁尽きたら、心が先に冷えてくる。因縁尽きたら、なかなかよりを戻せない。因縁尽きたら、すべてが変わる。因縁尽きたら、善意のつもりが悪意に取られる。尽きた因縁呼び戻せない、変わったものは反転できぬ。〔馮夢龍評〕最後の二句は南園叟が改めたもので、もともとは、「因縁尽きたら、なにかとすぐに顔つき変わる」だった。だがこれは「すべてが変わる」の中に、すでに含まれている（縁法兒盡了、心先冷淡。縁法兒盡了、要好再難。縁法兒盡了、諸般改變。縁法兒若盡了、把好言當惡言。怎能勾縁法兒的重來也、將改變的都番（翻）轉。〔原注〕末二句南園叟所易。舊云、縁法盡了也、動不動就變了臉。不知已在諸般改變中矣）。

ただここの因縁は、遊郭で使われた「前世の借金」と同じ意味ではない。

【一三五】枕を抱いて昼に眠っていたら、惜春でなければ、二日酔いだ。灯火をかき立て夜に起きていたら、予約客を待っているのでなければ、人を思慕しているのだ。

〔原注〕昼間、人が眠る時でないのに眠っているのは、惜春でなければ二日酔いである。夜が更けて、起きている時でないのに起きているのは、予約客を待っているのでなければ、情人を思慕しているのだ。

〔訳者注〕原注の「情人を思慕しているのだ」は『萬用正宗不求人』本・『文林聚寶』本によった。『嫖賭機関』上巻機関条目一百八の第三五に、「惜春か二日酔い、そのためここに衣を着て昼寝。予約客か情人、そのため灯火をかき立て夜に座す。〔注〕白昼に長く寝るのは惜春でなければ必ず二日酔いだ。黄昏にじっと座っていたら、予約客を待っているのでなければきっと情人を思慕しているのだ」（傷春病酒、故此和衣晝寝。候約思人、是以挑燈夜坐。〔注〕白晝長寐、非傷春決然病酒。黄昏久坐、非候約定是思人）。


【一三六】双方の声と気とが呼応してこそ、一心になれる。双方で疑いを抱くと、おおむね不和になる。

〔原注〕同声相応じ、同気相求め、このように客を接待してこそ、一心になれる。双方で少しでも満たされないと、やがて疑いを抱き、きっと不和になる。

〔訳者注〕『青楼韻語』の注に、「疑いを抱けば、おおむねそうなるだろう。そうでないとしても、双方でだましあっていたら、ほんとの一心にはなれない」（懷疑大率然矣。卽不然、你哄我、我哄你、那得眞一心也）。


【一三七】飲み始めてすぐに大杯を運ばせるのは、早く帰れの催促。門口に寄りかかっていつも瞳を凝らしているのは、予約客を待っているのだ。

〔原注〕酒を飲むには、小杯から始めて大杯に至る決りがある。それなのに飲み始めてすぐに大杯を運ばせるのは、客に帰れと促しているのだ。嫖客が妓家に入ったら、妓女が必ず付き添って歓待するのが、自然な決りである。それ

なのに、入口に寄りかかって瞳を凝らしていて、呼んだらやっと来るのは、別に予約の客があるのだ。

〔訳者注〕『青楼韻語』の注に、「これは旧来のしきたりだ」（舊例）。


【一三八】門を早く閉めたら、今夜必ず客があるということ。尊卑ともに起きるのが遅いと、きっと昨夜客がなかったのだ。

〔原注〕遊郭はもともと夜中の商売なのだから、入口を早く締めたら、必ず客が来ているということだ。もし客がなかったら、遅くなっても開けているはずだ。嫖客が泊まれば、妓女は早く起きてきっと忙しいし、やりて婆や亭主は、仕入れや洗髪で、必ず早く起きる。だから、みんなが寝坊していたら、きっと昨夜客がなかったに違いない。

〔訳者注〕『青楼韻語』の注に、「これも旧来のしきたりだ」（亦是舊例）。


【一三九】玉顔を得るのは容易で、今では花を摘むのに例えられる。紅粉を手なずけるのは困難で、昔の人も虎を縛るのに例えた。

〔原注〕玉顔・紅粉はともに婦人・女子の称。妓女になったものは、至って卑賤で、嫖客が欲すれば、すぐに得ることができ、手を伸ばして花を摘むのに例えられる。一緒に寝るのはとりわけ容易だが、心からなつけるのはとりわけ困難で、山に登って虎を縛るようなものである。

〔訳者注〕原注は『五車抜錦』本によった。

『青楼韻語』の注に、「手に入れやすいからこそ、なつけにくいのだ」（唯易得、所以難馴）。

【一四〇】夜通しの快楽も馬上に鞭を振るうようなもの。しばしの歓楽は川に小便をするようなもの。

〔原注〕妓女は接する客が多くて、一晩泊まった客でも、ちょっと会っただけの客でも、いちいち覚えてはいられない。ことわざに、〝一晩泊まるは馬上の拱手、ちょっと休むは川に小便〟という。

〔訳者注〕「娼妓述」にもみえる。ことわざの意味は、一泊の客も、短時間の客も、妓女には多数のうちの一人に過ぎない。所詮は馬上の挨拶や、川辺の立ち小便のような、つかの間の所為で、妓女の記憶に残らない。妓女を馬や川に見立てたところが妙。『青楼韻語』の注に、「表現は卑俗だが、その心は真である」（語俚而情眞）。


【一四一】財のためにするものは、十に常に八九。情のためにするものは、百に二三もない。

〔原注〕妓女の道は、両全がとりわけ難しい。財の為にしなければ生活できない。情のためにしなければ人に好かれない。大抵は財の為にするものが多く、情のためにするものは少ない。この言は誠に尤もである。

〔訳者注〕本文「十常八九」は、『青楼韻語』では「十有八九」に作る。同注に、「情のためにするとはいっても、結局は財のためである」（雖云爲情、到底爲財也）。

【一四二】元気（気力）は有限で、長期間の疲労に堪えられない。聚散（離合）は不常で、俗習に従ってするのがよい。
〔原注〕年若い嫖客の中には、房中術を習ったりして、多くの者が快楽の持続を貪ろうとするが、多くの場合、効果が得がたく、被害を受けやすい。（以下難解）
〔訳者注〕この条の原注は難解の上に、テキストごとに文字の相違が大きい。『青楼韻語』の注も、「到此那能復惜精

神、聚散闢頭、識得破、忍不過耳」とあって、これも難解で助にならない。
〔補注〕『金瓶梅詞話』第四十九回には西門慶が精力増強のための春薬を用いる場面がある。政和七年四月十七日に、永福寺で蔡御史の送別をした西門慶は、山内で異相の胡僧――天竺国密松林斉腰峰寒庭寺の僧――に出会い、「滋補の薬」を求めた。胡僧はその求めに応じて西門家を訪ねた。その日は四月十七日で李嬌児の誕生日であったので御馳走が準備されていた。その酒や料理を飲み食いした後に、胡僧は西門慶に房中の薬を授けた。

「拙僧は薬をひとつもっておるが、これは太上老君が煉って作り、西王母が処方を伝えたもので、有縁の人にあらざれば済度せず、伝えざるもの。貴殿が手厚くもてなして下さったので、何粒か差し上げましょう」

と言い、褡褳（肩に掛ける袋）中から瓢箪を取り出して、百数十丸を傾けて出し、一回に一粒だけ、それ以上使ってはならぬ、焼酎で飲むようにと命じた。

また別の瓢箪を取って、二銭の重さのピンクの膏薬を出して、一回に二厘だけ、それ以上使ってはならぬ。もしもひどくふくれあがったら、両手で両腿をつかみ、百数十回叩くと治まります。くれぐれも節約して使い、軽々しく他人にもらしてはなりませんぞ、と命じた。西門慶が両手で受け取って、

「この薬にはどんな効能があるかお教えいただきたい」

と尋ねると、

「形は鶏卵のごとく、色は鵞黄に似たり。三たび老君が焼いて煉り、王母が処方を伝えたり。外見は糞土よりも軽く、内実は琅玕よりも高価なり。金に比すれば金も代わり得ず、玉に比すれば玉も償い得ず。金印紫綬の貴人とて、大厦高堂の高官も、軽裘肥馬の富人とて、才知優れた重鎮も、この薬をば手に持てば、身は飄然とねやに入る。ねやの中には春老いず、桃源郷に景は永く芳し。玉山の倒るることなく、丹田は夜ごと

光あり。一戦して精神爽快に、再戦して気血剛強なり。嬌艶の寵、十二美の紅粧にかかわらず、交接はわが好みに従い、夜を徹して鎗のごとく固し。服薬久しければ脾胃ゆたかに、腎をうるおして陽をたすく。百日にして鬚髪は黒く、千朝にして体は自ら強し。歯を固くして目を明かにし、陽生じて交わり始めて蔵す。君もし信ぜずんば、飯に混ぜて猫に食せしめよ。三日淫かぎりなく、四日熱当たりがたし。白猫変じて黒くなり、大小便もみな止まる。夏には風に当たって臥し、冬には水の中に居る。もしまだ泄すことなくば、毛は尽く抜け去らん。一厘半を飲むごとに、陽物起ちていよいよ強健。一夜に十女とやすむとも、精は永く損なわれず。老婦でさえも眉ひそめ、淫娼とても敵しえず。心に倦怠起こるとき、兵を収めて戦場に休め。冷水一口飲むだけで、陽回復して損なわれず。快美にして終夜楽しく、春色は蘭房を満たさん。贈り与えん知音の客に、永く保身の方となせ。」

（訳文は岩波文庫本を参考にした）

ここには、この春薬の使用法と効能が述べられているが、薬名も処方も述べられていない。この胡僧が一所不住の雲遊僧であったので、薬を使い尽くしたときのことを心配した西門慶が、二十両の銀子を用意して処方を聞き出そうとしたが、応じてもらえなかった。西門慶は早速その晩、王六児の所へ行ってまずこの薬を使ってその効き目に驚嘆し、同じその夜に再度李瓶児を相手にこの薬を使って、効能の絶妙なることを確信する。以後これを愛用し続け、翌年の重和元年正月十三日の晩も王六児を訪ねてこの薬を使って夜中まで戯れあい、疲れ切って帰宅し、潘金蓮の部屋に泊まるが、過度の酒と淫欲で意識も定かでない状態の中で金蓮に薬を酒で注ぎ込まれた。そのとき残っていた丸薬は四粒で、一粒は金蓮が飲み、残りの三粒はよく効くようにと、全部西門慶に飲ませた。王六児のところですでに一粒飲んでいたから、これで決められた量の四倍飲んだ訳である。結局これが直接の原因となって、その月の二十一日に三十三歳で死ぬのだが、薬がなくなった時が西門慶の死ぬ時であったから、結果的には処方を知る必要がなかったわけである。（以上ここまでは、『金瓶梅詞話』の引用も含めて、拙著『日用類書による明清小説の研究』〈研文出版〉第三篇の第四章「金瓶梅詞話の春薬」からの転載である。）

胡僧がくれた春薬の処方は、前述のごとく、明らかにされてはいないが、明末の日用類書には、ほとんどみな風門（ないし同趣旨の部門）に、『風月機関』とともに、『洞房春意妙方』とか『洞房春意仙方』などと称する部分があって、春薬の処方が各種収められている。その中には、「金鎗不倒丹」「百戦丹」「一度終身想」などがあり、胡僧の秘薬まがいの効能が記されている。

『二刻拍案驚奇』巻十八「甄監生浪吞祕藥、春花婢誤洩風情」（甄廷詔が妄りに春薬を飲み、春花がうっかり情事を漏らしたこと）も、旅の道士玄玄子がくれた「金鎗不倒の霊丹」という「房中秘戯の薬」（春薬）を誤用したために、一命を落とした男の物語である。明・西周生『醒世姻縁伝』第六十一回にも処方を伴った春薬が描かれるなど、明清の小説には、春薬の使用が多く描かれている。このことについても、前掲の拙著第四章に記した。

【一四三】妓女に溺れたら、豪傑も落し穴に落ちたことに気が付かない。色に迷ったら、君子も罠にかかったことが分からない。

〔原注〕人が色に迷わされるのは、舟が水難に遭遇するようなものである。だが舟が水難に出会ったら、そのことに気付くが、迷った人はそれを悟らず、どんなに勇ましい豪傑でも、有識の君子でも、自分を救うことができない。

〔訳者注〕「有識の君子でも」の句は『妙錦萬寶全書』本によって補った。『青楼韻語』の注に、「入り込まなければよいが、ひとたび入り込んだら、そのまま落ち込むしかない」（不蹈入便罷。一蹈入不由不墮落）。

〔補注〕清初の余懐『板橋雑記』上巻「雅遊」に、

〔金陵の遊郭旧院は魂の落し穴で、はまりこんだら〕高名な士も身をもちくずし、女も情に倦み、忽ちのうちに衣服は疲弊し、金子は尽き果て、ついには歓楽は失せ憂愁が深まる。これは遊郭としては常道の落し穴だが、遊冶郎としては深く戒めるべきことで、青楼の不運は自ら招くものなのだ。

清・兪蛟『夢厂雑著』巻十「浙東の陳氏の失敗」（浙東陳生失足記）も、君子の挫折物語である。

浙江省東部の出身の陳氏は、山東の海陽で高官の顧問をしていた。学問が優れている上に、人柄も誠実で重々しく、衣食は質素だった。いつも同僚に、

「われわれは高官の顧問だが、もらう給料は職人並で、父母妻子を養ったら、何も残らないから、志を失うような芸者遊びなどはできん」

と言っていたが、軽薄な若者たちは、いつも、

「悪縁がないだけなのさ、あんなことを言っていられるのは」

と、ださい生き方を馬鹿にしていた。同僚たちが川岸の遊郭で一席設けていくら誘っても、頑として応じなかった。

やがて十年たって、顧問で得た蓄えが幾万にもなり、齢も六十近くになったので、帰郷の準備に日を重ねていたときのこと。同僚たちに、

「君らは、わしの帰郷を見てただうらやましがっておるが、それなら、なぜわしが芸者遊びをしないのをまねしないのかね」

と自慢した。同僚たちはそれを根に持ち、落し穴を設けてはい上がれないようにしてやろうと、ある妓女に相談したところ、

「そんなの簡単よ」

以前、この妓女はある顧問の機嫌を損ねて、禍を招きそうになり、陳氏に懇願して許してもらったことがあった。酒席を設けてその礼をしようとしたのだか、どうしても承諾してもらえないままになっていた。そこで、その下男を招いて、

「私は陳様にお助けいただいたことがありながら、ずっとそのままになっておりました。このほど間もなくお帰りとのことで、お礼の機会もなくなりそうでございます。ささやかながら送別の席を用意して、気持をお伝えしたいと思いますので、おとり持いただけませんかしら。洋銀をたっぷりお礼に差し上げたいと思います」

と持ちかけた。下男はその金に動かされて主人に伝え、かつ勧めた。陳氏はその下男が、長いこと仕えてくれたのを思いやり、その申し出を機に、慰労してやろうと考えた。もうすぐここを離れるのだから、信念を失う事にはなるまいと思ったので承諾した。

妓女は船に盛大な宴席を設け、鄭重に接待し、ふざけた言葉も、なれなれしい態度も見せなかった。陳氏は警戒心を解いて、妓女なのに淫らなことが全くないとはと驚いた。夕方になり辞去しようとしても、女は引き留めなかった。船首まで送ってくると、陳氏が岸に渡ろうとしたとき、突然水中に突き落とした。これは予め船頭と示し合わせていたことだった。妓女もすぐに飛び込むと、陳氏を抱き抱え、大声で救助を求めた。船頭たちが集まってすぐに救い上げたが、衣服はびしょびしょだった。

船室に戻ると、下男に衣服を取りに行かせたが、なかなか戻ってこなかった。調べてもらうと、酔っぱらってしまい、主人のびしょぬれをよそに、寝込んでいた。陳氏があわてていると、若い娘が派手な衣服を持ってきて、

着替えが済んでもそばに付き添った。夜更けになって疲れ、長椅子に仮眠すると、妓女が全身を揉んでくれたが、骨が溶けてしまいそうになり、眠込んだ。気が付くと枕元で、

「のどが乾きましたか」

と聞こえたので、見ると妓女だった。その声は鶯がさえずるようで、息は蘭の花よりもいい香りだった。陳氏はすっかり心がとろけてしまった。

それからは、昼も夜も二十日過ぎても帰ろうとしなかった。下男が催促しても、

「船の中が楽しい。ここで老後を楽しみたい」

かくして数年間、妓女を恋い迷い続けて、半生の蓄えは無に帰し、顔もやつれ体も衰弱して、病人のようになってしまった。

その昔馬鹿にされた同僚たちは、

「陳さんは昔は芸者遊びはしなかったが、鉄石の心の張乖崖はどこへいった。座中に妓女がいても心の中にはおらぬといった程明道はどこへいった。どうしてこんなに色に狂ってやつれたの。これでは全く河間婦だ」

と言い合ってあざ笑った。

陳氏はそれを聞いても、黙りこくって応えなかった。その後間もなく、船の中で死に、妓女が埋葬した。まことに、女色は魂の釣針で、遊郭は人の落し穴だ。これを見て猛省すべし。

北宋の張乖崖（名は詠。張乖崖は号）は身辺の侍妃・歌姫に対して潔癖であった。宋の劉斧『青鎖高議』巻二「張乖崖」に、そのエピソードが記されている。また、北宋の程明道（名は顥、明道先生と呼ばれた）は宴席で妓女と同席したが、その存在を全く意識しなかった。明の馮夢龍『笑史』于腐部「心中遊妓」に、そのエピソードが記されている。

唐の河間のある女は節操があったが、結婚した後に誘惑されて姦淫に溺れ、十余年で身を滅ぼし、「河間婦」即淫婦人の汚名を残した。唐の柳宗元『柳河東集』外伝巻上「河間伝」、馮夢龍『情史』巻十七「河間婦」などに見られる。

【一四四】バリエーションを探し集めたらきりがないので、本編には補足すべき点が多いことであろう。

〔原注〕花柳界の仕掛けは常に変化しているので、いくら広く探し集めても、集め尽くすことはできない。嫖客におかれては、なにとぞ本書をおとがめにならず、熟読・誦習され、補足していただきたい。

〔訳者注〕『青楼韻語』の注に、「バリエーションにはきりがない。妓女に迷えば愛に溺れて悟ることもなく、悟れば愛に溺れずして悟る。なにとぞ学者は本書を目にされたら、すぐに大悟解脱できますように」（變態那得有窮。迷則玩亦不悟、悟則不玩亦悟。安見立言者、卽能大悟解脱也）。

付　勧世誦　一首

君に勧む花柳のベッドを恋うなかれと
あの家に人を損なう特別の方法がある
亀や龍のあごの下の珠玉も奪い
天子のよろいも脱がせてしまう
猛虎もいじめておとなしい羊とし
鳳凰さえも逃げ出して毛をむしられたあひるとなる
たとえ君に鉄の心があろうとも
行けばあいつに蠟のごとく溶かされる

〔訳者注〕『開巻一笑集』本、『妙錦萬寶全書』本、『学海群玉』本に収められている。『青楼韻語』には収められていない。

西江月　一首

恋うるなかれ歌楼と妓館
貪るなかれ美色と嬌声

明らかにこれ人を陥れる穴
あわれ愚か人の悟らざる
楽しきところに愁怨生じやすく
笑いの中に武器がある
うかつに入るな奴らの家に
入れば蝦蟇が井戸に落ちたよう

〔訳者注〕『妙錦萬寶全書』本、『学海群玉』本に収められている。『開巻一笑集』本、『青楼韻語』には収められていない。

あとがき

本書は、はしがきに記したように、『明代の遊郭事情　風月機関』の姉妹編を目指して、明清の小説・戯曲・詩歌などの中から、『風月機関』所収の遊郭関連記事と通じ合う記述を拾い上げ、これによって『風月機関』の理解を深め、併せて明清文学の理解も深めようとしたものであった。

しかしその結果は、目的にかなう資料が、なかなか思うようには集められず、ごく限られたものになってしまった。その上、その限られた資料も、言語的に難解なものがあり、とりわけ戯曲資料や詩歌資料は、十分には活用できなかった。訳文には、大意程度のレベルのものも少なくない。忸怩たる思いである。今後は、それらの中でも、とりわけ多面的で深みのある生活文化の記述が多い散曲の活用に努力したい。

本書では、江戸小説にも関連の記事を求め、比較考察のよすがにしようとしたが、限られた知見のために、これまた些末な指摘に止まった。この方面の考察は、徳田武氏の『近世近代小説と中国白話文学』（二〇〇四年十月、汲古書院）に、「都賀庭鐘と中国色道論――「青楼規範」の活用――」などが収められていて、つとに創見が提示されていた。これは『風月機関』を用いた論考としては最も早く、拙著『明代の遊郭事情　風月機関』に先立つもので、拙著の時点で顕彰すべきものであった。非礼をお詫び申し上げる。

本書の構想は、『明代の遊郭事情　風月機関』執筆時点からのもので、その後ある程度進んだ段階までできて、頓挫したままになっていた。なんとかまとめてはみたものの、気乗りしないまま日が過ぎた。しかしこれがないと、姉妹編を想定していた『明代の遊郭事情　風月機関』のかたちがつかないことと、この方面の類書のないことに思いを致して、エンドレスになるのを避けることとした。

刊行に当たっては、汲古書院の石坂叡志社長や小林詔子女史には、長々とご迷惑をおかけした上に、終始一貫変わることのないご厚情を賜った。感謝申し上げる。

著者略歴

小川　陽一（おがわ　よういち）

1934年新潟県生まれ

東北大学名誉教授

文学博士

著書

『三言二拍本事論考集成』（1981年・新典社）

『日用類書による明清小説の研究』（1995年・研文出版）

『中国の肖像画文学』（2005年・研文出版）

『明代の遊郭事情　風月機関』（2006年・汲古書院）

『中國日用類書集成』（共編及び解題、2004年・汲古書院）

ほか

風月機関と明清文学

平成二十二年七月七日　発行

著　者　小　川　陽　一

発行者　石　坂　叡　志

整版印刷　富士リプロ㈱

発行所　汲　古　書　院

〒102-0072　東京都千代田区飯田橋二-五-四

電　話　〇三（三二六五）九七六四

FAX　〇三（三二二二）一八四五

ISBN978-4-7629-2879-6　C3098

KYUKO-SHOIN, Co., Ltd. Tokyo.

明代の遊郭事情　風月機関

東北大学名誉教授　小川陽一　著

知りたいことを尋ねるには日用類書をひもとくのが一番である。明代以降の人々は、雑学から専門知識のダイジェストまで、あらゆる情報をここから獲ていた。

本書はこの日用類書に収められる『風月機関』と、『開巻一笑集』巻二所収「娼妓述」「娼妓賦」の、本邦初の日本語訳である。前編に現代語訳、後編にその原文の影印と翻字を収め、巻末に解題を附した。底本には、『風月機関』は東京大学東洋文化研究所本（小院刊『中国日用類書集成』第四巻所収）を、『開巻一笑集』は国立公文書館本を使用した。

【はしがきより】

中国では古くから、妓女や遊郭が、文学作品の登場人物や物語の舞台として用いられてきた。……妓女遊郭を扱った文学作品の理解には、科挙の受験生や商人についての知識が必要になることはいうまでもない。同時に、妓女や遊郭そのものについての知識もまた不可欠である。……文学作品を離れて、明清の遊郭や妓女の実状を知る手がかりはないのか。文学作品のなかの遊郭や妓女の姿の事実性を保証する資料がないものか。旧中国の知識人は、その方面の関心は希薄だったようで、管見の限りでは、わずかに無名氏の『風月機関』と沈弘宇の『嫖賭機関』しか見あたらない。……というか、これこそが遊郭の仕掛や妓女の素顔を知らしめる希有の資料というべきものではないか。しかもこの二書とも、これまで中国でも日本でも研究資料として、取り上げられることのなかったもので、逸品というべきであろう。……このような訳で、まず『風月機関』の訳注を試みた。

【内容目次】

▼A5判上製カバー／168頁／定価3150円
▼ISBN978-4-7629-2761-4　C3098